全身松果体生物!? カメレオン参上!

地球最高次元の生きものから学べ!!

88次元 Fa-A
ドクタードルフィン 松久 正

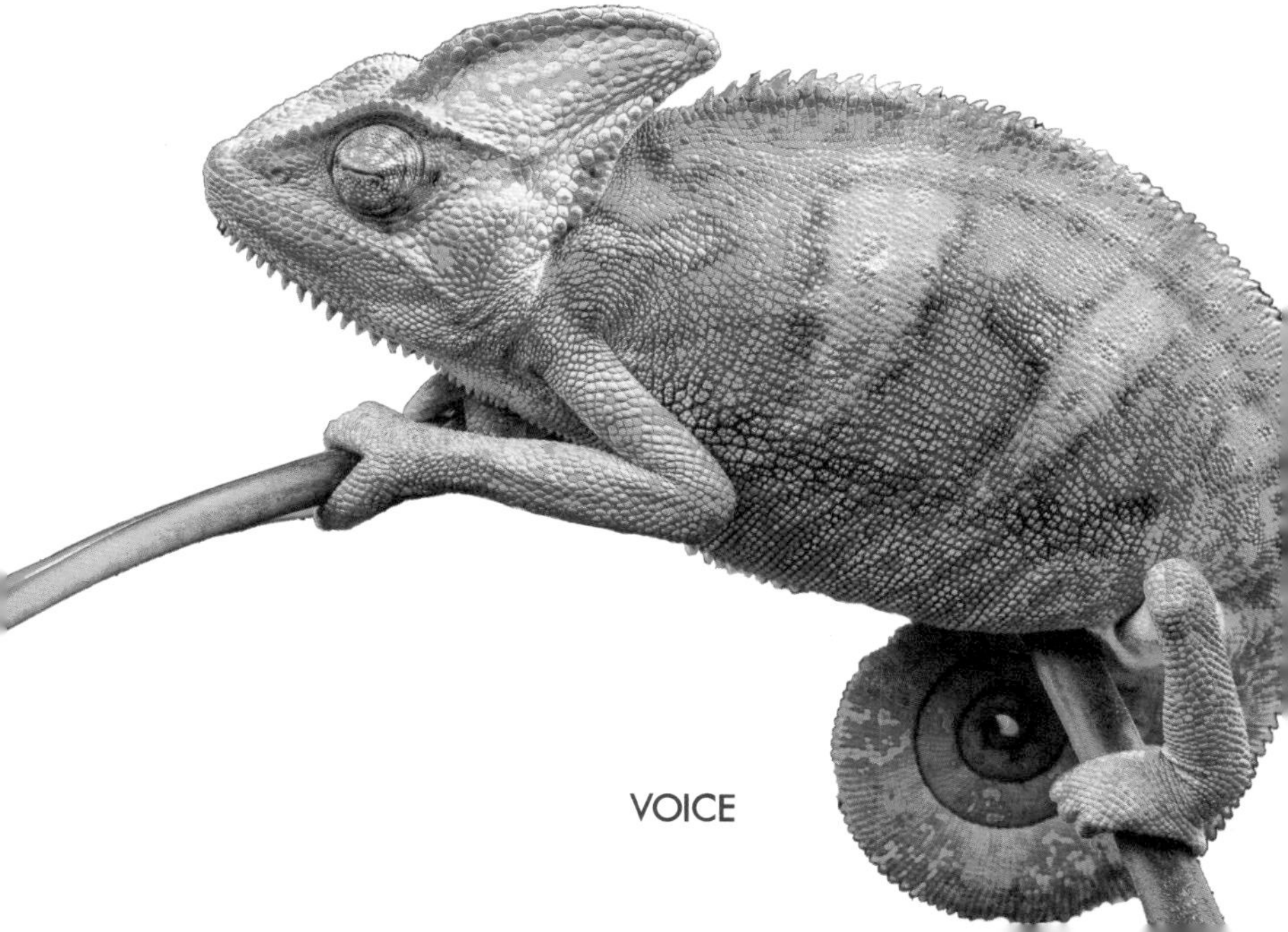

VOICE

はじめに

これは、地球の生きものたちの中で最高次元に生きるカメレオンについての本です。

果たして、この私がカメレオンに恋をするなんて、数年前の私が想像できたでしょうか？

いえ、できませんでした。

はたまた、この私がカメレオンについての本を出版するなんて、数年前には予測できたでしょうか？

いえ、できませんでした。

さらには、地球上に住むほとんどの人が、日常生活においてカメレオンのことを少しでも頭に思い浮かべるでしょうか？

いえ、そんなことはしないでしょう（カメレオンを飼っているような特殊な趣味の人を除き）。

そうなのです。

無類の動物好きの私でさえ、カメレオンのことなんか考えたことはなかったのです。

そう、昨年の10月にマダガスカルで、野生のカメレオンと運命の出会いを果たすまでは。

初めて、野生のカメレオンを私の腕の上に乗せた時、私の身体を電流が走るかのような衝撃が貫き、ある1つの情報が降りてきたのです。

それは、このカメレオンこそが地球上で最も次元の高い生きものである、ということでした。

そのことが瞬時にわかったのです。

それまで、私にとって地球上に生きる高次元の生きものとは、イルカのことでした。

すでに数多く出版してきた私の書籍などでもお伝えしてきた通り、私はドクタードルフィンという名前にもあるように、約1000万年前の半霊半物質のスーパーレムリアの時代に、シリウスBからイルカとして地球へ降り立った存在です。

けれども、私の使命である地球の愛と調和を保つため、また、人類の次元上昇をサポートするというミッションを果たすためには、人間でないと難しいことがわかり、イルカから人間へと姿を変えたのです。

それほど私にとって、イルカは縁の深い生きものでもあるのです。

実際に、イルカが波動の高い生きものであることは、今、多くの人々にとって周知の事実となっています。

たとえば、自閉症やADHD（注意欠陥多動症）の子どもがイルカと一緒に泳いだり触れ合ったりすることでその症状が改善したり、また、ウツ状態の大人がイルカと戯れることで症状が良くなったりしたというようなデータがあることは、すでに知られていることです。

問題を抱えている人がイルカのエネルギーに触れると、「初めて自分のことを受け入れてもらえた！」という感覚になり、彼らの閉じていたハートが開くことで症状が改善するのです。

また、イルカはいろいろな感情を同時に持つことができ、〝今ここ〟を遊ぶという生き方ができる高次元の生きものであることから、私はこれまで、「私たち人間はイルカのエネルギーと共鳴する必要がある」ということを事あるごとに説いてきたのです。

しかし、そのイルカよりもはるかに高いエネルギーを持つ生きものが、地球に存在していたのです。

それが、カメレオンです。

昨年の10月に初めて、マダガスカルで野生のカメレオンと触れ合った時の衝撃は、はっきり言って筆舌に尽くし難いものでした。

それは、生まれて初めて体感したショックであり、同時に大いなる喜びでもあったのです。

なぜなら、カメレオンの波動の高いエネルギーは、イルカのそれを凌駕《りょうが》するほど素晴らしいものだったからです。

それにしても、どうして今頃になって私はカメレオンと出会う運命に導かれたのでしょうか。
それは今、人類と地球の次元上昇が叫ばれるこのタイミングこそ、人類はカメレオンのエネルギーに触れなければならないからです。

それほど、地球とそこに生きる人類の波動が乱れているからです。

とはいえ、私たちの日常生活の中では簡単にカメレオンに会うことは難しいのが現状です。

そこで、この本では、1冊の中に普段私たちが触れることができないカメレオンの高いエネルギーをたっぷりと閉じ込めました。

フルカラーのカラフルなページを開くたびに、あなたにも、カメレオンの高次元エネルギーが降り注ぐはずです。

カメレオンの写真をじっと見つめて、その波動を感じてみるのもいいでしょう。

この本では、どうしてカメレオンがこの地球次元における最高の波動を持つ生きものなのか、についても解説していきます。

それでは、早速、ほとんどの人が触れてこなかったまったく新しいエネルギー、カメレオンの高次元エネルギーをお届けいたします!

ドクタードルフィン

ドクタードルフィン、
カメレオンと恋に落ちました！

カメレオンと初めて触れ合った時、
これまで味わったことのないほどの
幸せな感覚を覚えたのです。
それほど衝撃的な出会いでした。

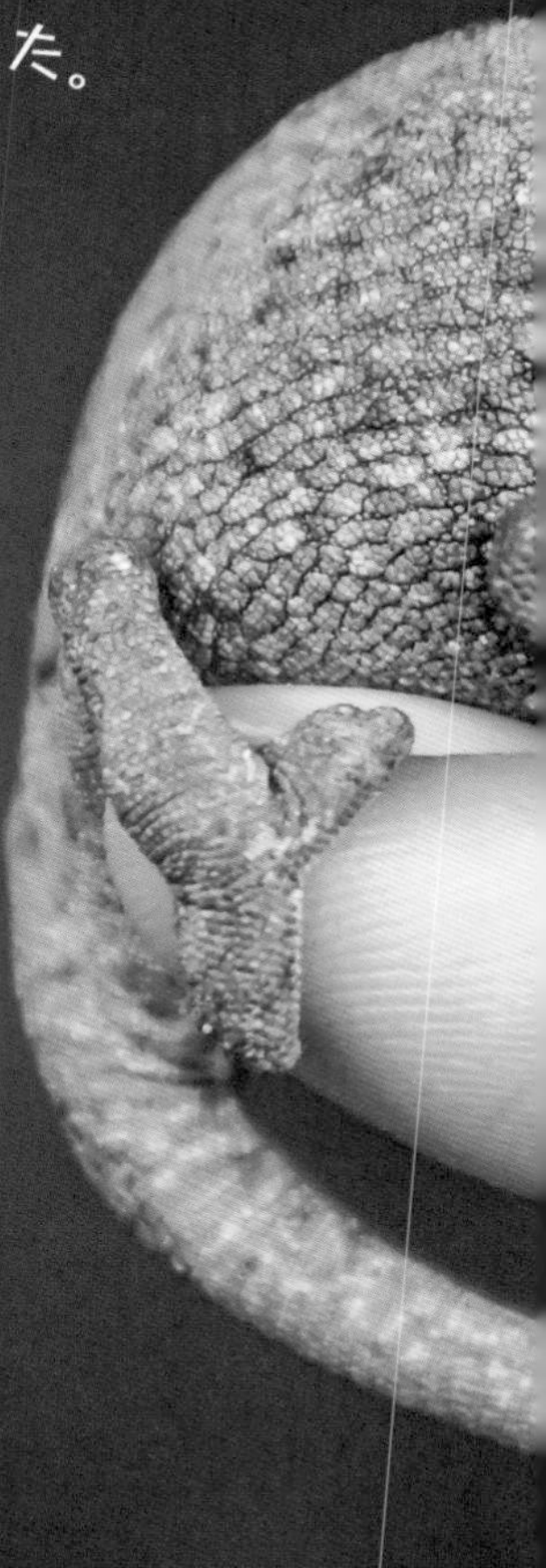

それは、カメレオンが
地球で最高次元の波動を持つ
生きものであることがわかったからです。

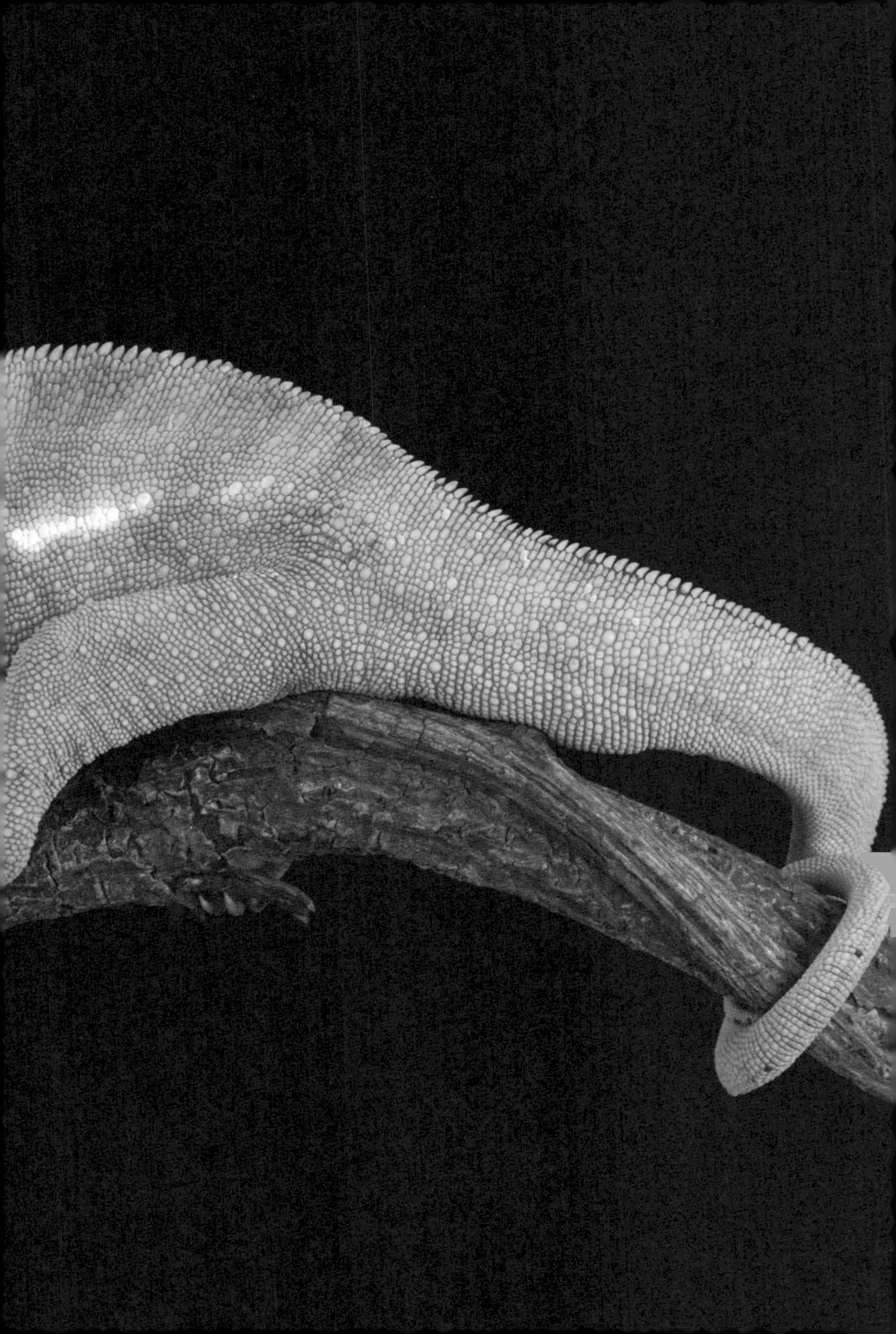

カメレオンは、〝今ここ〟に生きている
地球上で唯一の生きものです。
そして、地球に人類よりも先にやってきた
人間たちの大先輩です。

カメレオンは、
地球の第3チャクラにあたるマダガスカル島で
人類と地球の次元上昇をサポートする
タイミングを待っていました。
今、私たち人類にとって、
カメレオン的な高次元の生き方を
学ぶ時がやってきたのです。

Contents

第2章 高次元からの使者、カメレオン

第3章

カメレオンVS地球の生きものたちの対話

～地上に生きる神カメレオンが悩める地球の生きものたちへ贈る高次元からのアドバイス～

第4章　カメレオンエクササイズ

Chameleon Exercise Part II

第1章

カメレオンとの出会い

カメレオンってどんな生きもの？

あなたは、カメレオンと会ったことはありますか？

カメレオンは、その名前は聞いたことがある人でも、日本に普通に暮らしている私たちの日常生活の中では、ペットの動物として馴染《なじ》みのある犬や猫などと違って、ほとんど出会うことのない生きものです。

もちろん、カメレオンをペットとして飼うことも可能ですが、飼育することも難しいといわれている生きものなので、その生態や特徴などについてまではあまりよく知らない人も多いはずです。

そこでまずは、カメレオンという生きものについて簡単に解説しておきます。

カメレオンはその見かけから一目瞭然でわかるように爬虫類《はちゅうるい》であり、その中でもトカゲの仲間として分類されていますが、その個性的な特徴から見ても、トカゲとはまったく違うユニークな生きものとして専門家たちも認識しているようです。

カメレオンの生息地は主にアフリカ大陸（サハラ砂漠を除く）、アラビア半島南部、インド、スリランカ、パキスタン、マダガスカルとその周辺の諸島といわれています。

現在わかっているところで約２００種類以上存在しているというカメレオンのうち、その約半数近くの種がアフリカ大陸の南東かつ、インド洋西部に位置するマダガスカル島に棲《す》む固有種です。

マダガスカル島の中でも、特に北部の地域にカメレオンは多く生息しています。固有種たちが繁栄するマダガスカル島は、「カメレオンの聖地」と呼ばれています。

地球広しと言えど、なぜマダガスカル島だけにそんなに数多くのカメレオンが生息しているのか、その理由についてもこの本で明らかにしていきます。

カメレオンの特徴

最初に、カメレオンの身体的特徴から見ていきましょう。

カメレオンの身体の大きさは、その多種多様な種類によってそれぞれ異なりますが、約2～3センチの小さなものから、約60～70センチの大型の種類まで幅広く存在している四肢動物です。

主に樹上性の生物として木の枝の上などで生活し、生きている昆虫などを食用としています（基本的に動いているものに反応する性質があることから、コオロギなどの動いている虫を食べます）。

カメレオンの身体的特徴として最も知られているのが、これも種類にもよりますが、身体の皮膚の色を瞬時に変化できる能力ではないでしょうか。

これはカメレオンの心理的、生理的な要因によって変化が起きるとされています。

カメレオンの皮膚は、周囲を感じ取る目のような役割を果たしているのです。

この身体の色を七変化させる仕組みについては、2章でもお伝えしていきたいと思います。


次に、カメレオンの特徴としてよく登場するのが、その舌の長さではないでしょうか。

一般的に、カメレオンの舌は身体の全長の約2倍もあるといわれており、舌の長さは獲物を捕らえるために進化したものとされています。

カメレオンは獲物を見つけると、普段は喉の奥に収まっている舌が、まるで口の中から水鉄砲を噴射するような勢いで獲物をめがけて一直線にピューっと瞬時に伸びていき獲物を捕らえるのです。

口から長い舌を噴射して獲物を捕らえる際の所要時間は、100分の1秒にもなるカメレオンもいるとのことです。

そして、ユニークなのがカメレオンの目。

両目を同時に異なる方向に動かせるカメレオンは、その自由自在に動かせる目で敵から身を守ったり、獲物を探したりするといわれています。

この両目を同時に異なる方向へ動かせる能力については、2章でも詳しくご説明します。


カメレオンのもう1つの特徴と言えば、くるくると螺旋《らせん》状に巻かれたしっぽです。

この渦巻きキャンディか植物のゼンマイの先端のようなしっぽを持つカメレオンも種類によって違いはありますが、くるくると渦を巻くしっぽは、木の上で枝にしっぽを巻き付けて自分の身体のバランスを取り支えるためといわれています。


また、カメレオンの寿命は種類によっても異なりますが、短いものだとたったの数か月から長いもので約9年前後とのことで、比較的短いようです。このことも飼育にはあまり向かないとされている理由の1つかもしれません。

カメレオンとの出会いを導いたリトリートツアー

それでは、ここで改めて、私とカメレオンの衝撃的な出会いについてお話ししましょう。

私がカメレオンと出会ったのは、「はじめに」でもお話しした通り、昨年の秋、2022年の10月にマダガスカルへのリトリートツアーを行った際のことです。

それは、まさに私にとって〝運命の出会い〟になったのです。

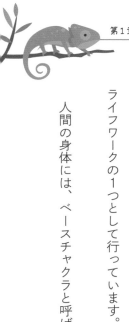

すでにご存じの人もいるかもしれませんが、私は人類と地球の次元上昇を促すために、地球上にあるチャクラのスポットを高次元エネルギーで開くリトリートツアーを、ここ数年ライフワークの1つとして行っています。

人間の身体には、ベースチャクラと呼ばれる第1・第2チャクラからクラウンチャクラと呼ばれる第6・第7チャクラまでがあるように、地球上にも第1〜第7までのチャクラが存在しており、そのすべてのチャクラにあたる場所を訪れ、その土地のエネルギーを開く活動をしているのです。

まず、このエネルギー開きは、2019年の春、オーストラリアのアボリジニの聖地、エアーズロック（ウルル）からはじまりました。

アボリジニの言葉で「ウルル」と呼ばれるエアーズロックは、地球のボルテックス（エネルギーが出入りする場所）の1つであり、地球の〝へそ〟に位置する場所としても知られています。

実は、まさにこの場所が地球の第1&第2チャクラに位置するスポットであり、2019年の秋以降はエアーズロックが登山禁止になったのですが、そのちょっと前にタイミングよくツアーを行うことができました。

次に、2019年の秋にはベトナムのハロン湾とタンロン遺跡を訪れ、ドラゴンゲートを開くツアーを行いました。

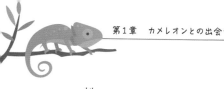

地球上にいる竜のおおもとのエネルギー＝レムリアの竜のエネルギーを覚醒させたことで、世界中の竜が目覚めることになりました。

このツアーでは、地球の第4チャクラであるハートチャクラを開いたのです。

そして、2020年の春以降はご存じのようにコロナ禍がはじまり、しばらくは、海外へは行けない時期が続きました。

そこで、私が行ったのは、国内各地のエネルギースポットにおいてエネルギー開きを行うことでした。

日本は、地球の第5チャクラ（喉のチャクラ）にあたります。

まず、2020年1月には、沖縄で琉球王国とその魂たちのエネルギーを癒やし、鳳凰《ほうおう》のエネルギーを開きました。

続いて、2020年3月には、大分県宇佐で卑弥呼とジーザスのエネルギーを開き、霊性邪馬台国を誕生させたことにより、ついに「弥勒《みろく》の世」が開きました。

これにより、人類と地球の次元上昇に必要な平和的破壊が進行しつつ、それを上回る奇跡的創造が生まれることで、地球は魂の幸福度が高い新次元を迎えました。

さらに、2020年7月には、屋久島で封印されていた地球（ガイア）のエネルギーを開き、9月には北海道において、縄文時代以降エネルギーを封印されてきた超古代聖地フゴッペ（余市町）を解き、大覚醒させました。

10月には四国高知で空海と坂本龍馬のエネルギーを開き、日本のエネルギーをさらに覚醒させ、地球史上で初めて、アルクトゥルスのエネルギーを降ろしました。

同年11月には、長野の「分杭峠」でZERO磁場マスターとして新しい気場を開き、地球を癒やして祈り、地球上で最強のZERO磁場を覚醒させました。

このように、2020年だけでも何か所もの国内のスポットを訪れてエネルギー開きを活発に行ってきたのです。

2021年、2022年も同様に、積極的に国内のツアーを行いました。

まず、2021年には、奄美大島にて新生ムー王朝を再誕・覚醒させ、北海道の阿寒湖では第2代ムー王朝を再誕・覚醒。熱海市の初島にて初代ムー王朝の高次元復活・再誕セレモニーを行い、阿蘇の弊立神宮にて、〝大宇宙大和神〟の覚醒、宮崎県高千穂の「天岩戸神社」では、弥勒神〝天照大神《あまてらすおおみかみ》〟を覚醒させました。東北においては、ジーザスと釈迦を再誕・覚醒させ、キリスト教・仏教、そして神道との宗教の融合完成を果たしました。

続く2022年には、近畿五芒星エネルギー開きのリトリートにて、日本の五芒星エネルギーを開き、源義経の過去の怒りと悲しみを癒やしました。また、富士山ピラミッドの超起動により、〝ピラミッドレイライン〟が覚醒しました。

地球の第3チャクラはカメレオンの聖地マダガスカルだった！

このように、国内のエネルギー開きを行っていたわけですが、ついに2022年からは、海外でのエネルギー開きも再開することになりました。

実はこれまで、私にとって1つの課題がありました。

それは、地球の第3チャクラはどこにあるのか、ということです。

人間の身体の下から上へ向かって第1〜第7チャクラと上っていくように、地球もチャクラのスポットを探すためには緯度的なラインで見ていく必要があります。

私は高次元のエネルギーを読みながら、ずっと地球上にある第3チャクラを探していたのです。

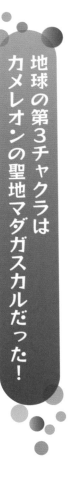

明らかに、第3チャクラは赤道よりも下、つまり南の方にあるはずだということで探していたのですが、ついに発見したスポットがマダガスカル島だったのです。

ちなみに、第3チャクラは自己存在価値と自己存在意義の強化と確立を意味するため、ここを開かない限り、人類はいつまでたっても次元上昇ができません。

そこで、第3チャクラがインド洋に浮かぶ島マダガスカルだとわかった瞬間に、すぐに私はマダガスカルツアーを開催することを決定しました。

しかし、まだ、この時はカメレオンの「カ」の字も私の中にはなかったのです。

さて、マダガスカル行きを決めた途端に、なぜか不思議なことに、マダガスカルの情報が私のもとにどんどん飛び込んでくるという面白い現象が起きはじめました。

たとえばTVの番組で、「地球最後の秘境」としてマダガスカルの特集番組が組まれるなどして、これまで決して目にすることがなかったマダガスカルの情報が私の目に入ってきたのです。

これぞ、まさにエネルギーの共鳴（宇宙の采配）です。

こうして私は、マダガスカルに出発する前に、マダガスカルを語る際には欠かせない3つの重要な要素を知ることになりました。

1つめは、ユニークな固有種の「バオバブの木」がマダガスカルには生えていること。

2つめは、マダガスカルには絶滅危惧種で固有種の「キツネザル」が生息していること。

そして、3つめが、世界で約200種類いるカメレオンの半分以上の種類がマダガスカルだけに生息している、ということだったのです。

砂漠地帯の中で巨大に育つバオバブの木の生命力の強さ、レムリアのエネルギーを受け継ぐキツネザル、そして、世界最大のカメレオン王国への旅は、出発前から私の胸をトキメかせることになりました。

マダガスカルにて、念願だった地球の第3チャクラを目覚めさせるエネルギー開きをする喜びもひとしおでしたが、特に動物好きの私としては、「野生のカメレオンと触れ合いたい！」というのが、このツアーの最大の目標になったのです。

ただその時は、カメレオンが地球の生きものの中で最も高次元の生きものであることなどは、まだ知る由もありませんでした。

人類の種よりも前に カメレオンは地球に降り立っていた!?

さて、ここでちょっと地球の歴史に目を向けてみたいと思います。

昨年出版した自著『知られてはならない禁断度No．1の真相　NEO人類創世記』（ヒカルランド刊）において、私は旧約聖書が伝えている情報ではない「人類創世の真実」を明らかにしました。

それは、地球の原始サルのDNAに宇宙のオリオン文明から地球に転入したアダムとイブのエネルギーと、太陽系の火星の宇宙生命体の高次元DNAがハイブリッドとして融合され、これにより3次元の身体を持つ人間が誕生したという事実です。

現代のサイエンスの世界では、地球は46億年前に作られたとのことですが、私のリーディングでは、その10倍の時間もさかのぼる、４６０億年くらい前につくられたようです。

そして、地球がつくられた後、最初に人類の祖先である、アダムとイブの種、いわゆるプリヒューマンが宇宙から入ってきたのが３５０億年前（地球時間の35億年前）であり、降り立った地が実はマダガスカル島だったのです。

ちなみに、原始の地球では、マダガスカル島は現在の東南アジアのインドネシアのあたりに位置していたのですが、大陸の移動とともにマダガスカルはイギリスの方まで、一旦北上しました。

イギリスのパワースポット、アーサー王が眠る聖地グラストンベリーにおいてアダムとイブが赤い実を食べたという伝説が残っていますが、それも大陸の移動の歴史があったことが影響しているのかもしれません。

その後、マダガスカル島は再び下降し、現在のアフリカの位置に移動して現在までの定位置となります。

歴史書によると、マダガスカル島は現在、隣接しているアフリカ大陸から分離したといわれています。

しかし、もしこの説が正しいなら、マダガスカル島だけが、なぜ、独自の動植物の生態系を持っているのでしょう?

マダガスカル島に生息する野生動物の約7～8割は固有種といわれており、特に、サルの全種類の4分の3がマダガスカル島の固有種であるほどユニークな場所なのです。

もし、アフリカ大陸から分離したのなら、対岸にあるお隣のアフリカ大陸にも同じような種が存在するはずですが、まったくそういう事実はないのです。

また、人種的にも隣接するアフリカのモザンビーク、タンザニアなどの国々の人々の肌の色よりも、マダガスカル人は少し明るめの肌の色をしています。

これらの事実から見ても、マダガスカルは独立した島であることがわかります。

そして、ここからが重要なのですが、さらに私のリーディングでは人類の種よりもはるか前にカメレオンが地球に降り立っていたのです。

カメレオンは、すべてのパラレル宇宙に通じる「ゼロ宇宙」からのエネルギーをまとい、まずはアンドロメダ銀河に降り立ち、そこから天の川銀河へ移動し、地球へと降り立っていたのです。

実は、これは宇宙の神の意志だったのです。

波動の高いカメレオンが、地球と人類の次元上昇のために、あえて次元が落ちる場所、地球へ降り立ち、そこで人類への気づきと学びを導くというのが神の狙いだったのです。

しかし、人類よりも先に地球にカメレオンを投入して、カメレオンたちが人類のお手本になるようにという神の計画には、長い間、誰も気づくことはありませんでした。

これこそが、人類の歴史において最大の見落としであり、また、宇宙における最大のミスだったのです。

それは、どういうことでしょうか？

そこには、闇の勢力の働きかけがあったのです。

闇の勢力とは、「人類には進化してもらっては困る」「人間たちを自分たちの思い通りにしておきたい」、とする地球を操る影の存在です。

彼らこそが、カメレオンが人間と親しくならないようにと仕向けてきた張本人たちです。


おかげさまで長い間、人間がカメレオンに振り向くことはありませんでした。

人間たちは愛想をふりまくカワイイ犬や猫ばかりに夢中になり、無表情で人間に媚《こび》を売らないカメレオンには一切、関心を向けませんでした。

そして、カメレオンは爬虫類ということもあり、どちらかと言えば気持ち悪い存在として扱われるという時代があまりにも長く続いたのです。


そう、私がカメレオンの真実をここで明らかにするまでは。

カメレオンとの運命の出会いの瞬間

では、再びここで、私とカメレオンとの感動の出会いの瞬間のお話に戻りましょう。

2022年の10月に、私とツアーの参加者たち一行は、無事にマダガスカルの地に降り立ちました。

マダガスカル島は地球で4番目に大きな島（オーストラリアを除く）であり、日本の国土の1.6倍もあるほど想像以上に大きな島でした。

約10日間のツアーの日程をこなす中、ある日、現地のガイドと共に私たち一行は数台のSUVに分乗してマダガスカルの砂漠の中の舗装されていないデコボコ道を進んでいました。

すると、現地のマダガスカル人の女性ガイドが、運転手とおしゃべりをしている最中、突然、「あ!」と声を出して運転手に車を止めるように促したのです。

なんとそのガイドの女性は、かなりのスピードを出して走っている車の中にいながらにして、また、同時におしゃべりをしている状態で、車の窓から見える風景から樹木の中に埋もれて周囲の色になじみ溶け込んでいる1匹の野生のカメレオンを見つけたのです。

これも、現地のマダガスカル人のガイドさんならではの才能でしょう。

早速、一行は車から降りると、カメレオンの方に恐る恐る近づいていきました。

その野生のカメレオンは、2メートルくらいの高さの木の枝の茂みの中にひそかに、たたずんでいました。

私たちは、ついに、枝の上にじっと止まっていたカメレオンのそばまでやってきました。

「これがカメレオンなんだ!」

その時、初めての出会いに思わず胸が高鳴ったのを覚えています。

その全長15センチくらいのカメレオンは、周囲の背景の色に自分の色を合わせたのか、薄茶色をしていました。

　ガイドさんによると、その大きさは現地では標準より少し小さめとのこと。

　車の運転手さんがカメレオンに慣れていた人だったので、早速彼から手ほどきを受けて、カメレオンを私の腕の上に乗せてくれました。

　すると、カメレオンはまったく抵抗もせずに、私の腕の上に乗ってきました。

　周囲にはツアーの仲間たちがその様子を見ながら取り囲んでいますが、カメレオンはまったく動じません。

　まさに、その状況に身を任せたままという感じです。

　それが、私にとって野生のカメレオンと初めて触れ合った瞬間でした。

　カメレオンが腕の上にじっと乗っていると、なぜか、私の魂の奥底から、これまでまったく感じたことのない幸福感がこみ上げてきました。

　よく、恋人やパートナーと運命的な出会いをした人が「相手に会った瞬間に、ビビビと

きた！」などと表現しますが、私とカメレオンとの出会いは、そんな感覚を大きく超えたものだったのです。

それは決して大げさな表現ではありません。

正直言って、これまで56年間の人生を生きてきて、大きな喜びを感じた瞬間もたくさんありましたが、その中で最も幸せを感じた瞬間、とまで表現できるかと思います。

小さなカメレオンを手の上に乗せた時のトキメキとワクワク、喜びはこれまでのどんな素晴らしい体験とも比べ物にならないほど至高の体験だったのです。

この感覚は、他の人ではたぶん味わえない感覚だと思います。

たぶん、他の人が同じように野生のカメレオンを手の上に乗せたとしても、きっと、その物珍しさから次のような感想がほとんどでしょう。

「ホンモノのカメレオンって意外とカワイイんだな」とか、「インパクトのある見た目に比べて、意外とおとなしい生きものなんだな」というような感想でしょうか。

Chameleon

Dr. Dolphin × Chameleon

Message from Chameleon

個性を大切に！

人間さん、僕はカメレオンだよ！
いつも人の目ばっかり気にしているよね。
いつも人と同じような服を着て、同じような考え方をして、
同じような生き方をしているね。
あ～、人間さんってつまんない！
これは、悪口じゃないからね。
人間さんのことを愛しているからこそ言うんだよ。
人間さんには、僕たちのように、もっと個性を大切に生きてほしいんだ！

Dr. Dolphin and

カメレオンとの出会いに
思わず満面の笑顔になる
ドクタードルフィン

「ゼロ宇宙」のエネルギーを放つカメレオン

でも、私は違ったのです。

それほどまでに衝撃的な出会いだったのです。

その驚きの感動は、私がドクタードルフィンだからこその感覚だったのです。

私は、カメレオンのエネルギーに触れた時に、カメレオンが地球上で最も高次元の生きものであることがわかったのです。

そのことを知った喜びは、他の何にも比べようがありません。

カメレオンは、全宇宙の最もエネルギーが高い中心ポイントであり、かつ、この世界のあらゆるすべてが発祥するおおもとの「ゼロ宇宙」のエネルギーと共鳴するエネルギーを持っていたのです。

ゼロ宇宙とは、いわゆる〝個〟としての魂が誕生する「ゼロポイント」を包み込む創造の源〝ソース〟としてのエネルギーそのものであり、また、「今ここ」で選択している宇宙以外のすべての多次元パラレル宇宙とつながり、あらゆるパラレル宇宙を包括し統括する宇宙です。

そんなエネルギーを持っているのがカメレオンなのです。

「はじめに」でもお伝えした通り、ドクタードルフィンの名を持つ私からすれば、私のイルカに対する愛着は特別なものがあります。

しかし、イルカはシリウスのエネルギーと共鳴する生きものであり、シリウスは地球と同じ天の川銀河に属しているという意味では、カメレオンのエネルギーには及びません。

ちなみに、天の川銀河を超えるアンドロメダ銀河と共鳴する生きものには、カンガルー、クロアゲハ、フクロウが挙げられます。また、羊は私たちとは時空間の違う異次元のハトホルのエネルギーと共鳴しています。

カメレオンは天の川銀河、アンドロメダ銀河とも共鳴した上で、さらにこれらを超越するゼロ宇宙と共鳴しているということで、地球では最高次元の波動を持っている生きものと言えるのです。

私は、今年の1月に出版した『地球の生きもの高次元DNA wave』(ヒカルランド)という本で、地球上の計44種類の生きものを1番目から44番目まで次元が高くなる順番で紹介していますが、最後の44番目のオオトリを飾っているのがカメレオンです。

それでは、カメレオンがなぜ最高次元の生きものなのかについて、次の章からカメレオンの〝高次元ファクター〟、高次元である要素を順番に説明していきます。

第2章

高次元からの使者、カメレオン

高次元ファクター①――カメレオンは〝全身松果体生物〟!?

まず、なぜカメレオンがこの地上で最高次元の生きものなのか、その最大のヒミツから明かしたいと思います。

それは、カメレオンはまるで全身の皮膚が松果体でできているかのような生きものだからです。

これは、カメレオンについて興味を持ち、カメレオンの生態などを調べていた私にとって、驚愕の新しい大発見となりました。

「どうして全身が松果体なの？」

そんな疑問にお答えしていきましょう。

まず、1章でもお伝えした通り、カメレオンには身体の色を変えられるという変色能力があります。

たとえば、捕食者や敵が現れると、身体の色を周囲や背景の色と同化させて自身の存在をカムフラージュさせることで捕食者や敵から身を守ります。

他にも、興奮時に相手を威嚇するために色を変えたり、繁殖時にはオスがメスに求愛する際に鮮やかな身体の色に変化させたりしてメスにアピールすることもあります。

さらには、私のリーディングでは、周囲の環境に同調することで、とても心地よい状態になるようです。

このように、カメレオンは自らの身体の色を変化させることでその感情が表現されるのです。

カメレオンは、自分で「今は、この色になろう！」と意図することで身体の色を変えているのではないのです。

要するに、カメレオンは周囲の状況や環境を皮膚で感じ取ると、皮膚がセンサーのように働いて自動的に色を変えているのです。

また、カメレオンは体温調節のためにも身体の色を変えます。気温が低ければ身体の色は濃いめの黒っぽい色になって太陽光を集めて体温を上げようとし、反対に気温が高ければ身体の色を薄くして体温を下げようとします。

この身体の変色を可能にするのは、カメレオンの特殊な皮膚の構造によるものなのです。カメレオンの皮膚は、微細なナノ結晶を含んだ2層の皮膚から構成されており、その2層は「虹色素胞《にじしきそほう》」という細胞からできています。

この虹色素胞とは、透明なナノ物質の光結晶（格子状になった結晶）からなる細胞の層のことであり、この虹色素胞が身体の色の変化を調整していることがわかったのです。

つまり、カメレオンの皮膚はいってみれば透明のようなものであり、光が皮膚の奥にあるナノ結晶に届くことで、届いた光が反射してそれが身体の色として現れるのです。

たとえば、色の変化が起きる例をそのメカニズムで説明するなら、カメレオンの気分が落ち着いているときは、ナノ結晶格子が密集状態になることで、入ってきた光の青の波長が反射されることで青色になります。

これは、目のレンズと光を感じる視細胞で受け取る光により活性化する人間の「松果体」そのものの機能です。

つまり、カメレオンは、全身が松果体でできている「全身松果体生物」と言えます。

また一方で、興奮するとナノ結晶格子がゆるみ、黄色や赤などの色が反射され、身体は黄色から赤色に染まるのです。

その虹色素胞の仕組みを持っているのは、他にはイカやタコなどですが、ここまで色の種類を豊富に再現できるのはカメレオンだけです。

劣化してしまった人間の松果体

ここで思い出していただきたいのは、私が常々、折に触れて語ってきた松果体のことです。

松果体について、簡単にその機能と働きなどをおさらいしておきます。

松果体とは、人間の脳の中心かつ2つの大脳半球の間に位置する、グリーンピース状（7〜8ミリ程度）の小さな松ぼっくりのような形をしている内分泌器官のことです。

松果体の主な機能として、1日のリズムをつくりだすホルモンであるメラトニンを生成する機能が知られています。

このメラトニンの放出があることで、私たちは夜になると眠くなり、朝になると目覚めて太陽を浴び、精神の安定がもたらされ、幸せホルモンと呼ばれているセロトニンを放出させるのです。

そして、このメラトニンはセロトニンの原料にもなることから、メラトニンが出てセロトニンがつくられることで、幸せのリズムが成り立っているのです。

また、松果体はメラトニン同様に、「ジメチルトリプタミン（DMT）」と呼ばれる天然の幻覚剤を分泌することでも知られています。

このDMTは、主に深夜の2～4時の時間帯に放出されることから、この時間帯は宇宙の叡智《えいち》とつながりやすいともいわれています。

つまり、松果体が活性化することにより、松果体のポータルが開き、私たちは高次元へとつながりやすくなるのです。

松果体は、高次元の宇宙の叡智が人間の身体に入ってくる際の受信機の役割を果たしているのです。

かつて、あの有名なフランスの哲学者であり数学者でもあったデカルトは、松果体のことを「魂のありか」と呼んでいました。

ところが、そんな「魂のありか」である人間の松果体は、現代人が脳を使いすぎることで不活性化してしまっているだけでなく、フッ素や水銀などを身体に取り込んでしまったことで弱体化し、石灰化しています。

つまり、人間の魂のありかの周囲にはバリアが張り巡らされてしまい、本来の松果体のパワーが発揮できていないのが現代人の現状なのです。

かつて、人間の松果体の大きさは数センチあったといわれていますが、今や松果体が1センチに満たない7~8ミリと小さくなった上に劣化してしまった人間は、皮膚として松果体をまとっているカメレオンに比べたなら、カメレオンの方がより次元が高い生きものと言えるのではないでしょうか。

カメレオンはクリスタル状のカラダ!?

さて、ここで注目したいのが松果体を構成している成分です。
松果体の主成分は珪素であり、珪素と言えば、いわゆる天然の水晶（クリスタル）そのものであり、高純度の珪素が結晶化されています。

水晶は光を受けると、その光を反射して角度によってはキラキラとレインボーカラーに輝きます。

同じように、カメレオンの細胞であるナノ結晶格子も光を吸収して反射するのです。
カメレオンの皮膚には、もともと色素があると考えられていたのですが、身体の色が変わるのは光の反射の変化によるものであることがわかったのです。

私たちの松果体は、第三の目の奥にあるほんの数ミリのサイズですが、言ってみればカメレオンは皮膚全体が松果体＝水晶のようなものなのです。

私たちの松果体は、脳の中心にあるので人間の目で見ることはできません。

しかし、宇宙人が人間を見たときには、松果体の部分だけが光っています。

カメレオンの場合、目に見える部分＝身体が天然のクリスタル状の細胞に覆われているので、全身が松果体のようなものなのです。

要するに、カメレオンは生きている松果体、動いている松果体。

本能のままに身体の色を七変化させるカメレオンは、私たちの何倍、いや何十倍ものサイズの松果体を持っているような生きものと言っていいでしょう。

カメレオンは、エネルギーが飛びぬけて高く、最高次元の生きものであることは、私のエネルギーリーディングでわかったことです。

以上のようなカメレオンの生物学上の実態も、まさにカメレオンが高次元の生きものである証拠です。

カメレオンの実態は、未発見の部分が多いミステリアスなものです。

今後の研究から、さらに科学的な見地においても、カメレオンの新しい高次元的な要素、いわゆる高次元ファクターが明らかになっていくはずです。

高次元ファクター②――無駄なエネルギーを使わない

ここからは、私が実際に観察し触れてみて感じた野生のカメレオンの高次元ファクターについてご紹介していきます。

あえて〝野生〟としたのには理由があり、飼育されていて人に慣れたカメレオンには当てはまらない部分があるかもしれないからです。

やはり、あくまでカメレオンとしての本来の生き方をしているのは、野生のカメレオンです。

もちろん、カメレオンだけでなく他の動物に関しても、野生の中で生きている方が、その動物としての本来の種の生き方をしているはずなのです。

では、カメレオンの高次元ファクターの2番目をお伝えします。

それは、「無駄なエネルギーを使わない」ということ。

私もこれには驚いたのですが、車の中からカメレオンを見つけて、車を止めて外に出てカメレオンに近づいてもびくともしないのです。

さすがに、野生のカメレオンを驚かせるような感じで近づくことはしませんが、人間たちがドキドキしながら何人近づいても1ミリも動じないのがカメレオンなのです。

トカゲにしてもイグアナにしても、他の同じ爬虫類系の生きものたちは、一斉に皆逃げていくでしょう。

もちろん、他の動物たちだって同じだと思われます。

それなのに、カメレオンはただそこにじーっとしているのです。

もちろん、周囲に人間たちが自分を取り囲んでいるのは気づいているので、目だけはきょろきょろとしていますが、身体は動きません。

要するに、カメレオンは無駄なエネルギーを使っていないということです。

私が出会ったカメレオンは、私たち人間が自分に危害を加えないということがわかっているのか、不安や恐怖を感じることもなく、じっとしているのです。動かしているのは目玉くらいでしょう。

このようにカメレオンは、相手が何者であるかということも全身で感じ取っているのです。


「じっとしている」というのは、気配を消すようにしてじっとしているのではなく、安心感とともにその場にどっしりとたたずんでいます。

それはまるで、「僕を見て!」と言わんばかりの王者のような風格の存在感です。

不安や恐怖を持たないカメレオンは、自己存在価値が高いことも伝わってきます。


このように、動かなくてもいいときはじっと静止していますが、エサを見つけると体長の2倍の舌をすごいスピードで出してエサを食べるという素早い動きをするのもカメレオンです。

このように、カメレオンは本当に必要なときのために集中して動けるようにエネルギーを溜《た》めておき、余計なエネルギーは使わないのです。

それは、〝今ここ〟にいるということでもあり、無駄な思考や行動をしない、ということでもあります。

一方で、人間はこのような生き方ができません。

常に過去のことや未来のことを考えて、今ここに生きていないので、頭の中は思考でいっぱいです。

過去の後悔や罪悪感、そして未来への不安と恐怖で、常に考えすぎて無駄な動きばかりをしています。

そのせいで、「さあ、今こそ勝負だ！」という瞬間を逃すだけでなく、物理的にも無駄なエネルギーを消耗しているので、いざというときに必要なエネルギーが足りません。

体内にあるエネルギー源になる成分「ＡＴＰ（アデノシン三リン酸）」も無駄な動きが多いことで常に消耗してしまっているのです。

だから、ここぞ、というチャレンジにも失敗してしまい、また後悔、不安や恐怖にさいなまれます。

カメレオンが今ここにいるのは、自分に自信があり、自己存在価値を自分で感じているからです。

「自分は何があっても大丈夫」という安心感と平安の中にいるのです。

また、自己存在価値と同時に、自己愛があるので他者から愛されようとしません。「自分はすごいんだ」「自分は今のままで幸せなんだ」「自分はこの状態で完璧なんだ」「自分は愛にあふれている」、ということがわかっているからです。

犬や猫など人間のペットになる動物たちには、「愛されたい！」「可愛がってほしい！」という気持ちがありますが、カメレオンにはそれがありません。

カメレオンは、見返りなど一切求めないのです。

なぜなら、カメレオンには「自分のことを自分が一番愛している」という思いがあるからです。

高次元ファクター③——右脳と左脳が分離している

カメレオンは右目と左目が別々の違った動きをします。

つまり、右目で前方を見ているのに、同時に左目で上方を見る、というようなことができるのです。

また、右脳は左目を、左脳は右目を支配しています。

ということは、カメレオンは右脳と左脳が分離していることになります。

この左右の脳が分離しているということが、高次元ファクターの3つ目になります。

ご存じのように、右脳は知覚、直感やひらめき、イメージ、創造性、芸術性などを司り、左脳は言語や計算、理性、論理的思考を司ります。

人間の場合は、この2つの脳が脳梁《のうりょう》と呼ばれる神経の束でつながり、両方の脳の間で情報のやりとりができるようになっており、これが進化した脳であるように見えて、実は、そうではなかったりもするのです。

なぜなら、右脳と左脳の情報が常に混ざってしまうことで、弊害が出てしまうのです。

たとえば、人間の場合、右脳で「いい気持ち」という感情を覚えた場合、この状態をずっと続けたいと左脳で計算してしまいます。

そして、そのいい気持ちはずっと続くわけはないので、それが怒りやストレスとなり自分を責めたりしてしまうのです。

その逆もまたしかりで、左脳で論理的に「1年後はこれをやり、2年後にあれをやり、3年後はこうなっている」と未来のことをついつい計算してしまい、その通りに上手くいかないことから感情が不安定になってしまうのです。

このように、左脳と右脳がつながっているということは一見機能が進化しているようですが、実は、魂の意識の進化からすれば逆だったりします。

カメレオンの場合は、右脳の働きである情緒や直感が働くときは単体で働きます。

もし、いい気分を感じているのなら、「もっとこの気分を続けていたい」などという計算もせず、また悪い気分なら、「この状態がいやだからいい気分になろう」などとも思わないのです。

なぜなら、カメレオンは今ここの感情を味わうだけがすべてだからです。

では、カメレオンは右脳と左脳のどちらをよく使っているのかといわれれば、どちらも大して使っていないのです。

要するに、すべてを受け入れているので、うれしいとか悲しいとかいう感情はあまりなく、中立の感情で生きています。

当然ですが、敵が現れたときやエサを食べようとするとき、雄の場合は雌に好かれようとするときは、少しは頭も使うでしょう。

しかし、それ以外のほとんどはただぼ〜っとしているのです。

まるで、何が起きても、「これでいいのだ」とすべてを受け入れて達観しているバカボンパパのような在り方なのです。

一方で人間は、右脳と左脳がつながっていることで感情とエゴが混ざり合い、常に感情とエゴに振り回されています。

だから物事が思い通りにいかないとイライラし、心で考えていることと言葉にすることがちぐはぐだし、ウソをつくし悪事も働くのです。

「でも、カメレオンだけではなくて、その他の動物の感情も人間と違って無機質なものなんじゃないの？」

と思われる人も多いでしょうが、ペットとして犬や猫を飼っている人はすでにおわかりだと思いますが、犬や猫には大いに喜怒哀楽の感情表現があるものです。

私は馬も所有していますが、馬にもきちんと喜怒哀楽があります。

純粋な動物たちの感情はダイレクトで、とてもわかりやすいものです。

そんな中、カメレオンは右脳も左脳もあまり使わないため、感情はつかめません。

前項で「無駄な動きをしない」とお伝えしましたが、それは感情においても同じなのです。

高次元の生きものであるカメレオンは、今ここにいるだけ、それだけなのです。

高次元ファクター④——3大欲から解き放たれたカメレオン

4番目の高次元ファクターは、人間が持つことはほぼ不可能だとされている要素です。

それは、人間にとって生きるために必要な欲である3大欲求=食欲、睡眠欲、性欲がほぼない、もしくは非常に弱いということです。


一方で、人間はいわばこの3つの要素を満たすために日々生きていると言っても過言ではないでしょうか。

人は仕事をするにしても、目標を叶《かな》えるにしても、人生のミッションを果たすにしても、この3つの欲がすべて根底にあってのことなのです。

つまり、人間はこの本能的・生理的な3大欲がなかったら生きていけないのです。

まず、食欲ですが、人間にとって最も身近な欲であり、食欲があることで「今日は何を食べようかな」という日々の楽しみがあるわけです。

食欲が出ないのは体調不良や病気の時であり、また、悩み事や心配事、うつ気味の場合も食欲は出ないはずです。

つまり、食欲があるということで心身の健康が維持できます。

片や、カメレオンは1日中何も食べないことがあります。

カメレオンが食事をする時は、「最近、何も食べていなかったな。ちょっとお腹が空いたな、今日は久しぶりに何か食べてみようかな」というような感覚であり、その時に目の前に動くコオロギでもいたとしたら、ちょっと身体を動かす活動としてコオロギを瞬時に獲って食事をする、というような感じでしょうか。

食事さえ、彼らにとっては暇つぶしであり、遊びの1つです。

今ここに生きているカメレオンは、「明日食べるものがなかったらどうしよう……」などと心配することもありません。

次に、カメレオンには睡眠欲がありません。

人間にとっての睡眠欲は、身体を休ませるため、また、心身のリセットに必要なものであり、睡眠の長さや質は人それぞれであっても、食欲同様、健康の維持には必要なものです。


ところが、カメレオンは常に寝ている状態と起きている状態の中間にいるような感じで過ごしています。

カメレオンが動かずに静止してぼーっとしているように見えるのもこのせいですが、常に意識がありつつも、半分はまどろんでいるような半覚醒状態の中にいるとでも言えばいいでしょうか。


別の表現をするなら、カメレオンは、常にこの3次元とつながりながらも、高次元へと意識は飛んでいるような状態なのです。

基本的に、人間の場合、夜中の2〜4時が最も松果体が活性化している〝宇宙とつながる時間〟ですが、カメレオンにとっては、まるまる1日中が宇宙とつながる時間なのです。

つまり、人間が宇宙とつながるチャンスは24分の2ですが、カメレオンは24分の24ということになり、1日だけでも人間の12倍も宇宙とつながっているのです。

カメレオンは3次元に存在しながら、高次元に生きているのです。


次に性欲です。

人間の3大欲求のうち、人によっては性別、年齢別なども含め、最もばらつきがあるのがこの性欲という欲です。

社会生活をする人間ゆえに、この性欲は一見目には見えない欲ではあるものの、人間にも種の保存、そして自分のDNAを残したいという本能があるために、誰しもが性欲を持っています。

そして、場合によっては、ゆがんだ性欲をコントロールできないために、身を滅ぼすことも多いのが、まさに〝人間の悲しい性《さが》〟でもあるのです。

一方、カメレオンにも子孫を残したいという意味において本能的な性欲はあっても、人間のようなギラギラ、ガツガツとした性欲ではありません。

動物でも激しい交尾をする種類の動物もいますが、カメレオンの場合はどちらかというと、交尾にしても雄雌共にほっこりまったりしたいというものであり、エクスタシーなるものへの欲ではなく、無機質で遊び的な行為に近いものです。

当然ながら、欲にまみれていないカメレオンには色欲もなく、執着や嫉妬などの感情もありません。

たとえ雄が雌に求愛をしたとして相手に逃げられ振られたとしても、「あっそう、わかった。じゃあね、グッバイ！」とあっさりしていて、相手を追いかけることをしません。

そして、ただのしのしとゆっくり歩いてその場から去るだけです。

人間の場合、恋に落ちて告白した相手に振られると、後悔や恥の感情が湧き上がったり、落ち込んだりします。もしくは、相手を諦められないと、そこから相手に執着がはじまり、場合によってはストーカーなどになってしまうものですが、カメレオンには一切そういうことがありません。

将来的に地球が次元上昇すると、人間の身体は物理的・物質的な度合いが少なくなり、透明化して水晶（クリスタル）ボディになっていくといわれています。

それは、かつてレムリア時代に身体が半透明だった時代に再び戻る、ということでもあるのです。

そのように、水晶化された人間は男女という異性の差が薄くなり、中性化していきます。いわゆる、エイリアンによくある種に近くなっていくわけです。

人間が水晶化すると、身体の機能も変わることから、もはや食べなくても寝なくてもよくなってくるわけですが、その姿が体現化された生きものがカメレオンです。

この時代に一歩先を行く覚醒した生き方を見せてくれているのが、カメレオンなのです。

高次元ファクター⑤——抜群のバランス力を発揮するカメレオン

最後に5つ目の高次元ファクターは、その抜群のバランス力です。

プラスとマイナス、陽と陰、光と闇、右脳と左脳など、地球次元のあらゆるものは二元論から成り立っているからこそ、両極の中庸であり真ん中を生きるバランス力が大切です。二元論のどちらかに偏らない生き方こそ、高次元を生きるための鍵になります。

その意味においてカメレオンは、右脳と左脳が分かれているのでそのあたりのバランス力に長《た》けているのですが、さらに、身体能力としてのバランス力も優秀です。

まるで、新体操の選手かサーカス団の団員のように、危うい枝の上でもカメレオンならへっちゃらです。

木の上で暮らすカメレオンは、枝をつかむ手が2つに割れていて、その手袋のような手で器用に枝をつかみながら優雅に木の上を歩いています。

私が実際にカメレオンを腕の上に乗せた時も、そのぷくっとしたやわらかい手に、私のハートがキュンとしたものです。

特に、ごつごつとした木の上を吸盤もない手でバランスを取りながら、上手に歩く姿には魅せられました。

また、渦巻きキャンディのような丸く渦を巻く特徴的なしっぽも、カメレオンにとってはバランスを取るのには欠かせない身体の部位です。

このように、ユニークな身体の形をしていても、脅威のバランス力を見せるのがカメレオンなのです。

カメレオンは身体的にも意識の上でも、バランス力に長けているのです。

Column 1

あなたの「カメレオン度」をチェック！

①～㉚までの「カメレオン度」をチェックする項目において、自分に当てはまるものにチェックをつけてみよう！

さあ、あなたはどれくらいカメレオンに近づいている？　あまりじっくり考えすぎずに、どんどんチェックしていこう！

①誰に対しても笑顔を心がけている……………□

②周囲への気遣いや気配りをよくほめられる……□

③自分の意見より、周囲の意見を大切にしたい……□

④冷たい人だと思われたくない…………………□

⑤過去の失敗や間違いを悔やみやすい…………□

⑥未来のことを考えると不安になる……………□

⑦あこがれているインフルエンサーがいる……□
⑧どちらかと言えば、自分に自信が持てない……□
⑨友達はたくさんいた方が良いと思う……□
⑩ＴＰＯにふさわしい恰好を心がけている……□
⑪人からいい人、ステキな人だと思われたい……□
⑫いつも人の目を気にしてしまう……□
⑬洋服は黒やグレーなどダーク系が多く、派手なファッションは苦手……□
⑭異性からモテたいと思っている……□
⑮１人だと寂しく不安を感じてしまう……□
⑯皆とワイワイ遊んでいる時が一番楽しい……□
⑰欲しいものを手に入れるためには努力を欠かさない……□
⑱いつも忙しくて、バタバタしている……□

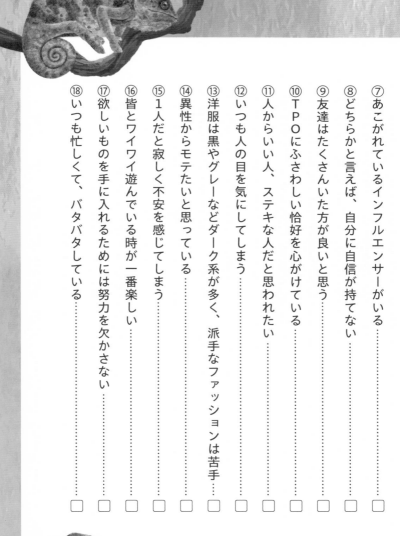

Column 1

⑲悩み事でいつも頭の中がいっぱい……□
⑳じっとしていることが苦手……□
㉑どちらかというと嫉妬心は強いほう……□
㉒恋愛体質で常に恋をしている……□
㉓集団の中にいる方が心地よい……□
㉔人間は１人では生きていけないと信じている……□
㉕周囲から普通でまともな人だと思われたい……□
㉖食べること、または、眠ることが大好き……□
㉗どちらかといえば、せっかち……□
㉘表の自分と裏の自分がある二重人格である……□
㉙直感より理論を大事にしている……□
㉚社会で認められるような立派な人になりたい……□

☑ 20個以上

まだまだカメレオン度が低い人。

いわゆる、最もノーマルな人間です。社会では「いい人」とか「しっかりしている人」「真面目な人」と呼ばれて、会社や学校など所属している場所では周囲からの評判が高い人のはず。

☑ 19～11個

ちょっとだけカメレオンに近づいている人。

人間界では、ちょっぴり“変わり者”だと思われているかもしれないけれど、まだまだ社会の常識を大切に生きることを重視している人です。

☑ 10個以下

カメレオン度がかなり高い人。

ありのままの自分を生きているので人間界では生きづらいかもしれないけれど、“今ここ”を意識した生き方ができている人だと言えるでしょう。

☑ 5個以下

最もカメレオン的な生き方ができている人。

社会通念やエゴから解き放たれた最も高次元的な生き方ができているので、そのままカメレオン度を伸ばしていきましょう！

第3章

カメレオンVS地球の生きものたちの対話

〜地上に生きる神カメレオンが
悩める地球の生きものたちへ贈る
高次元からのアドバイス〜

一生懸命生きているのに、もがく地球の生きものたち

生きていると誰だって、悩みはつきないもの。

この章では、地球上に存在する人間や動物、昆虫などすべての生きものの中で、最も次元が高い生きものであるカメレオンと悩み多き生きものたちとの対話をご紹介します。

登場人物はカメレオン界代表のC、アリ界代表のA、そしてハチ界代表のH、シマウマ界代表のS、そして人類代表のNという5名。

まったく違う生きものたちが、一堂に会しての会議形式でのカウンセリングセッションです。

各々の世界で懸命に生きているのに、どうして地上の生きものたちは、苦しみ、もがい

てしまうのでしょう。

そんな彼らに向けて、高次元に生きるカメレオンが渾身《こんしん》のアドバイスを行います。

「自分は人間だから、レベルの低い動物や昆虫の悩みなんて関係ないよ」

人間の皆さんは、そう思うかもしれません。

でも、意外にも動物や昆虫たちの方が高尚な生きものだったりするのかもしれません。

また、人間のみならず、動物や昆虫たちの悩みは、きっとあなたにも当てはまるものがあるはずです。

新しい世界の次元上昇は人間だけが推し進めるものではなく、地球に生きる生きものたちと皆でひとつになって行うものです。

そういう意味においても、カメレオンからの高次元アドバイスを実践しながら、生きとし生ける仲間たちで一丸となって新しい生き方をスタートし、地球の波動を上げていきましょう！

カメレオンから生きものたちへ。カウンセリングがスタート！

カメレオン◆　地球の生きものである皆さん、今日はお忙しい中、お集まりいただきありがとうございました！　本日は、これからの地球が次元上昇をするために各界からそれぞれの代表に集まっていただき、どうすれば、人類と地球の波動を上げていけるのか考えていきたいと思います。そして、そのために私たち地球の生きものたちがどのような生き方をすればいいのか、などについて話し合っていきたいと思います。僭越ながら、私がこの地球上で最も次元が高いとされているカメレオンですが、皆さんは日々の暮らしの中で、いろいろな悩みや困難があると聞いています。今日はそれぞれライフスタイルが違う皆さんをお招きして、皆さんの問題にお答えしていきたいと思います。

まずは、私の自己紹介からはじめたいと思います。私はマダガスカルの北部に住んでいるカメレオン界代表のCと申します。私のライフスタイルですが、基本的にカメレオンは皆そうですが、この私も誰とも群れず、1人でのんびりとおだやかに樹木の枝の上で生きています。当然、生きるためにエサを捕まえて食べることも必要ですが、私たちは、特にそこまで食べることにも執着しておらず、その他の欲もあまりありません。だから、イライラしたりすることもほとんどなく、毎日、〝今ここ〟だけを感じて生きています。おかげさまで、毎日が平和で幸せな日々です。それでは、まずは皆さんからそれぞれ自己紹介をしていただきましょうか。もし、お悩みがあれば、それもおっしゃってくださいね。最初に、アリのAさんからお願いいたします。

行列しながら集団で生きるアリと女王蜂のために生きるハチ

アリ◆　はじめまして！　アリ界からやってきたアリのAです。私たちはカメレオンさんと違って、仲間たちと皆で一緒に生きています。私たちは、いつも皆で行列になり地面を這《は》っています。たとえば、美味しそうなご飯が地面にあるのを見つけると、皆で1列になってご飯を取りに行き、ご飯を背負ってまた行列をなして巣の中に戻ってきます。巣の中にもたくさんの部屋があって、大家族で暮らしています。集団生活に慣れているので、行列の中で歩いていると安心するんですよ。もし、行列からはぐれてしまうと1人になってしまうでしょう。想像しただけで、パニックになってしまいます。1人でのんびりと生きているカメレオンさんの生き方が信じられないです。今

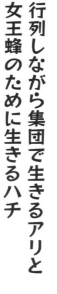

日はよろしくお願いいたします！

アリのAさん。自己紹介ありがとうございました。今日はよく1人でここまで来ることができましたね！　次はハチのHさん、よろしくお願いいたします。

ハチ◆　皆さん、はじめまして。ハチのHと申します。僕たちは、女王様のために働くのが僕たち働きバチの人生です。僕たちの一生は、女王様をお守りすることです。そうすることで、僕たちの社会に調和がもたらされるし、ハチの社会を安全に保つことができるのです。噂《うわさ》によると、人間さんたちの世界では「働きバチ」という言葉があるようですね。実際に僕たちはいつもせっせせっせと働いており、休むことがありません。でも、それが僕たちの人生ですからね。今日は、なんとかお暇をいただいてやってまいりました。そんな僕ですが、今日はよろしくお願いいたします。

天敵におびえながら生きる・シマウマ

ハチさんは、今日は女王様にお暇をもらってここに参加してくれたのですね。ありがとうございます！　次に、シマウマ界からSさん、自己紹介をお願いいたします。

シマウマ◆　今日は、お招きいただきありがとうございます。はじめまして。なんだか、知らない人たちばかりなので、ちょっとドキドキしています。ちなみに、ここは安全な場所ですよね？

はい、大丈夫ですよ（笑）。ここは安全ですからリラックスしてくださいね。

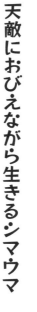

よかったです。僕たちは、いつも天敵から自分たちの身を守らなくちゃいけないから、どこにいても落ち着かないんですよ。住処《すみか》があるサバンナには、常にライオンやチーター、ハイエナなど肉食動物たちの敵がいっぱいいますからね。草原では、いつも彼らに追い掛け回されて大変なんです。だから、仲間たちと皆で一緒に移動しているんです。僕たちができることは、仲間たちとグループでいることで、彼らに威圧感を与えることくらいです。でも、そんなに効果はないんですよ。とにかく、毎日が生きるか死ぬかという極限の中で生きている状態です。そんな僕たちシマウマと違って、カメレオンさんはなんだかどっしり落ち着いていて、うらやましいです。今日はそのあたりの秘訣をお聞きできればと思います。

シマウマのSさん、ありがとうございました。シマウマさんのために、今日はライオンさんには声をかけませんでしたからね。安心してください！　では、最後に人間代表のNさん、お願いいたします。

人間には皆の悩みが当てはまる!?

人間◆ はい、はじめまして。今日は人類代表としてこちらにおじゃまいたしました。人間界のNと申します。今、私は皆さんの自己紹介を聞いていて、とても心が揺さぶられました。というのも、皆さんのおっしゃることが、すべて私たち人間にも当てはまるからです。まずは、私たち人間もアリさんたちのように集団で生きるのが心地よいのです。そして、女王蜂のために生きるハチさんたちのように、私たち人間も自分ではない誰かのための人生を過ごしています。そして、シマウマさんたちのように、常に人間も恐怖と不安の中で生きているからです。そんな私たち人間が皆さんを差し置いて、「アセンションだ！」「地球を次元上昇させなければ！」などとアピールしているのも笑っちゃいますね。ちょっと恥ずかしくなりましたが、今日はカメレオンさんをはじめ、皆さんから、たくさんのことを学んでいこうと思っています。

人間のNさん、自己紹介をありがとうございました。なんだか私カメレオンは皆さんの自己紹介を聞いているだけで、「大変なんだな～」と皆さんの人生に同情してしまいました。だからこそ、今日は皆さんたちがこの地球で生きる上で、どうしたら少しでも幸せに、楽に、愉《たの》しく生きられるのか、そして、最も影響力のある人間がどうすればよりよく生きられるのかを一緒に考えていきたいと思います。

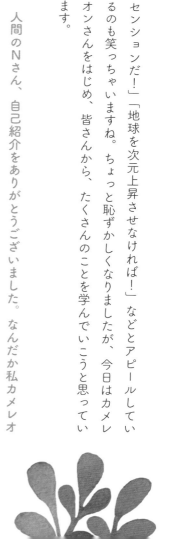

悩みがないのがカメレオン

まず、皆さんにはっきり申し上げます。私たちカメレオンは、皆さんの自己紹介に出てきたような悩みを持っていません。それぞれの悩みは、そのまま皆さんたちの弱点になるのですが、私たちカメレオンには悩み＝弱点がないので、それゆえに、カメレオンは地球上で最も次元が高い生きものとされているわけです。やはり、弱点があるほどに生きる次元は下がり、幸せに生きていくことはできませんからね。とにかく、今日は皆さんの悩みを解消して、少しでも皆さんに生きる喜びを感じていただけるようにしたいと思います。それが結果的に、人類と地球の次元を上げることにつながるからです。

まず、私たちカメレオンは集団で生きず、1人で生きています。なぜなら、集団で生きることで、個々のエネルギーが落ちてしまうからです。本来、宇宙に生きるすべての個々の生命体は、1人ひとりがその人だけのオリジナルの宇宙を持っています。そして、各々の宇宙においては、1人ひとりがキングであり、クイーンなのです。また、1人でいることで、最も生命エネルギーを上げられます。アリさんたちのようにいつも集団でいると、個々のエネルギーではなく集団が1つのエネルギーとなってしまいます。つまり、アリさんたちの世界では集合意識のみが存在することになってしまいます。だから、行列から誰かが1人いなくなっても、その集団にはまったく何も影響も出ないし、誰が消えたかもわからないのです。なぜなら、そこに個人というものが存在していないからです。アリさん、そんな寂しい人生を送ってもいいのですか？

いいえ。私たちアリだって、本当は自分たちの望む人生を歩みたいとは

思っているんです。でも、アリ社会の集団の掟《おきて》みたいなものがあります。だから、皆と一緒に生きていかなければ、仲間たちからつまはじきにされてしまうんです。そして、村八分にあってしまうと、行列に入れずにエサにもたどり着けませんし、地中の巣の住処にも入れてもらえません。そうすると、死んでしまいます。だから、集団の中で皆と同じように生きていくしかないんです。

アリだって自己表現してもいい

そうでしたか。それは大変ですね。でもね、大事なことは、アリさんたちの中から、誰か1人が勇気を出して声を上げて、〝個〟を生きることをやりはじめることです。そうでないと、あなたたちアリさんは、永久に個性を持たない集団の生きものとしての存在でしかなくなってしまいます。そんな人生では、大した喜びなどないでしょう。自分の個性、自分の能力を発揮することは勇気のいることです。ちょっと考えてみてほしいのですが、アリさんたちは皆が同じ顔をして、皆が一律に同じ歩調で同じ方向に向かって歩き、蓄えを運んでいるわけです。それがあなたたちの人生のすべてですよね。でも、本当は、あなたたちだってそんな人生に退屈しているはずです。自分を表現したいはずです。だからぜひ、あなたが自己表現をする最初のアリとして、勇気を持って最初の一歩を踏み出してほしいのです。もちろん、仲間たちから白い目で見られるかもしれないけれど、そのうち「キミって面白いね！」「自分もやってみようかな！」というアリさんが続いてくるはずです。そして、多くのアリさんたちがあなたを応援してくれるようになるはずです。

わぁ～！　そんな生き方をしてもいいんですね！　「自分のしたいことを

してもいい」などと言われたのは生まれて初めてなので、うれしいです！　私はそうしていきたいんです！　後でアリ社会に戻ったら、ちょっと皆に相談してみます。もっと私たちアリも自己表現をして、自分だけの個性を生きられるようになりたい。私がそんな最初のアリになりたいと思います。私たちアリは集団の中の生きものなので、私たちの一歩は小さいけれど、まずは私がその一歩を踏み出します。

自己犠牲の時代は終わった

素晴らしいですね。ぜひ、そうしてください！　期待していますよ。次にハチのHさん。あなたたちは女王蜂のために自分の命を捧げていますね。外敵がやって来たら、命がけで敵を追い払い、女王様を守ろうとしていますね。

そんな献身的な生き方は賞賛される生き方ではありません。でも、私たちカメレオン社会から見ると、それはちょっと悲しい生き方なのです。なぜなら、私たちカメレオンは他者のために自分を犠牲にすることなどないからです。私たちは、誰かのために働くとか、誰かに使われるなどということはありません。地球の生きものたちの歴史において、自己犠牲的な生き方が褒められたこともありましたが、もはや、そのような時代は終わりました。これからは、自分がいかに幸福であるか、ということが生き方の指標になってきます。あなたたちハチさんは、女王様のために働き、ハチ社会を守るのが人生のミッションになっています。時には、敵からの襲撃には、その鋭い針で相手を倒して殺すこともあるでしょう。でも逆に、あなたたちの方が戦いの中で犠牲になり死ぬこともあるはずです。本来なら、誰かのために自分の命を捧げることなどあってはならないのです。あなたの宇宙では、あなただけが存在しているのであり、あなたが人生の主人公なのです。

アドバイスありがとうございます。でも、僕たちハチがそんな生き方をしてもいいのでしょうか。僕たちは女王様のためだけに生きるというのが、生まれた時からの定められた運命だと思っています。でももし、自分の人生を生きられるとしたら夢みたいです。考えただけでもワクワクしてきます！でも、カメレオンさんたちは、自分たちの家族や大切な人のために生きる、という生き方はしないのですか？

しませんね。私たちの社会では自分たちがそれぞれ好きな方向を向いて好きなことをしながら、自由気ままに生きているんですよ。血のつながった家族であっても単独行動が基本です。だから、ひとりぼっちのことも多いですが、でも、だからといって寂しくなんかないんですよ。

すみません、ちょっと横から入ってもいいですか？　僕たち人間は、基本

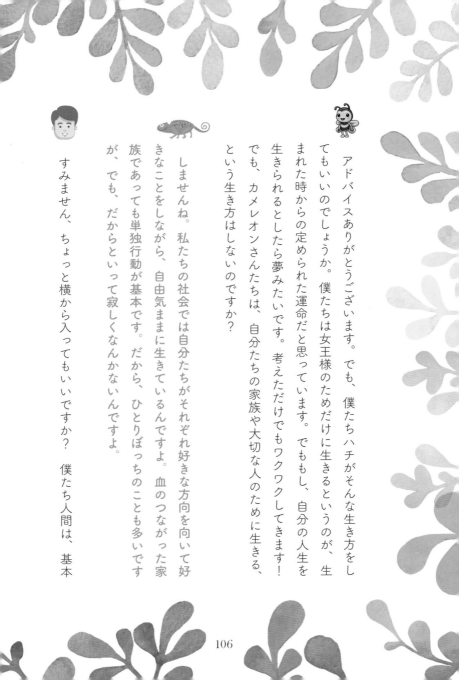

的に誰かのために生きているものです。たとえば、子どものため、親のため、妻や夫のためなど家族のために生きている。そして、仕事においてもお金を稼ぐために会社のため、上司のため、お客様などのため、と常に誰かのためというのが普通です。自分だけのために生きている人なんて、あまりいないのが実情です。

はい、人間界のこともよくわかっていますよ。でも私たちカメレオンは、自分という存在を押し殺して生きているあなたたち人間の生き方がまったく理解できません。私たちがこの宇宙に存在しているたった1つの理由は、自分という魂を喜ばせること。それだけなんです。自分という存在を打ち消して誰かのために生きるなんて、喜びも感動もないじゃないですか！

おっしゃる通りです……。だから人間は常にストレスフルな日々を送って

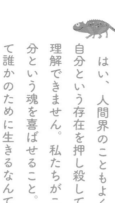

いるし、どこかでなんとかして自分をアピールしたいという自己承認欲求が根底にあるんです。ＳＮＳなんかはその最たるツールですね。

ＤＮＡレベルから生き方を変える

なんだか人間さんたちも、なかなかご苦労が多いですね。では、私たち働きバチはどうすればいいでしょうか？　そもそも私たちは、女王様にご奉公するようにとＤＮＡレベルからもうプログラミングされているようなものです。そんな中で、どう自分を変えていけばいいのでしょうか。

そうですね。まずは、簡単なところからはじめてみましょう。毎日、一心不乱になって懸命に働くのもいいですが、最初は、ちょっと仕事をさぼるこ

とからはじめてみてはいかがでしょうか。たとえば、皆でブンブン働いて作業を終えた後、ちょっと1人になって木陰で休むのもいいでしょうし、花畑にふらりと行って美味しい花の甘い蜜を吸ってみるのもいいでしょう。休憩時間を設けることで、女王様のことだけを考えるのではなく、自分に向き合えるはずです。

なるほど。「ちょっとさぼる」ですか！　それだったらすぐにできますね！　早速やってみます。

あと、もう1つハチさんへのアドバイスがあります。先ほども言いましたが、あなた方は敵が現れると、自分の命を落としてまで女王様を守ろうとしますね。その忠誠心もわかりますが、あなたが死んでは元も子もありません。だから、命は大切にしてください。それに、あなた方は人間たちの姿を見た

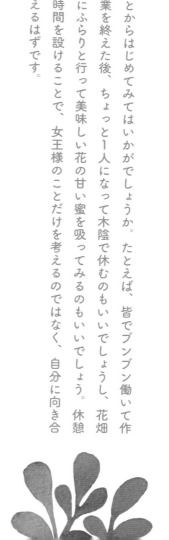

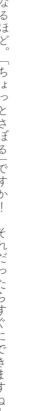

ら襲おうとしますが、実は、人間たちの方があなた方のことを恐れているんですよ。そして、あなた方が人間を襲おうとするから、人間もあなたたちの巣を除去しようとする。これは、お互いが恐怖心から起こしている行動であり、その関係性も悪循環になる一方です。本来なら、この地球に生きる仲間同士として、違う種類の存在であっても調和の中で生きていけるはずなのです。だから、人間たちを見たら襲うのではなく、歌ってください！　踊ってください！　人間たちを喜ばせてください！　そうすれば、彼らだってあなたたちを恐れなくなるでしょう。

はい、僕たち人間もハチさんと友達になりたいと思います。

はい、こちらこそ、よろしくお願いします。とにかく今日は、まずは、自分という存在は女王様を守るためだけに生きているのではない、ということ

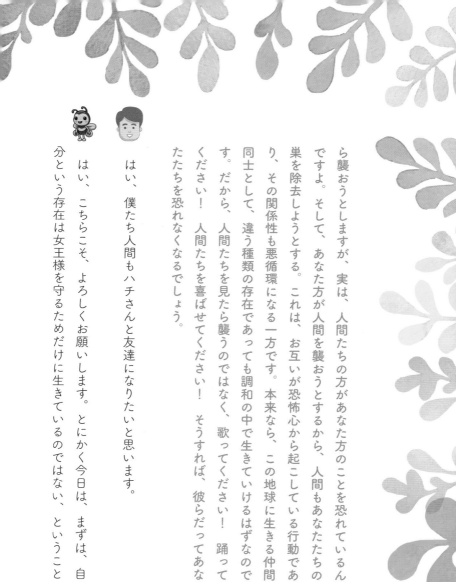

がわかっただけでも生きる希望が湧いてきました。明日から、仕事の合間にちょっとさぼって、自分だけの時間を持ちたいと思います。

はい、そうしてくださいね。まずは、毎日の生活にちょっとした〝遊び〟を取り入れてみてくださいね。そんなところから、自分らしさや自分の個性というものがわかってくるものですから。

ありがとうございます。

宇宙の摂理にゆだねるということ

それでは、お待たせしました！　次はシマウマのSさんですね。まず、あなたにお伝えしたいことがあります。それは、日々の生活の中で恐怖を感じながら暮らすのはやめてほしいということ。あなた方は、常にライオンやチーター、ハイエナなどから襲われるのではないかとびくびくしていますよね。そんな状況だと、たとえ、美味しい草を食べている時でも、周囲に敵がいないかきょろきょろして食べてしまうから、ご飯だって美味しくないでしょう？　生きものたちにとって、食べることは1つの楽しみのはず。せめて食事の時くらいは食べることに集中してください。おびえながら食べたのでは栄養にもなりませんよ。時には、ゆったりと心おだやかな気持ちで過ごすことも必要です。

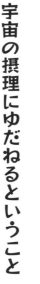

おっしゃることはわかります。僕たちだってリラックスして過ごしたいのです。でも、もしライオンが草陰から突然現れて襲ってきたら、僕たちは体力も劣るので逃げても追いつかれるし、結果的に彼らに殺されてしまうだけです。特に、僕たちの子どもたちは足も遅いし弱い存在だから、僕たち大人が守ってあげないといけないんです。だから僕たちは、常に気を抜かず、注意を払っていないといけないんです。

確かにそうですね。野生動物の世界は弱肉強食ですから。でも、あなたたちシマウマは、自分たちは弱い存在だという意識で代々生きてきたので、それがもう〝事実〟となってしまい、あなたたちの遺伝子の中に「自分たちは弱い存在である」と記録されてしまっています。ライオンやチーターの視点からすると、彼らもまた食べるためにサバイバルをしながら生きているわけ

です。彼らは肉食動物として生まれているので、あなたたちのように草は食べられません。獲物を獲って食べることは、宇宙が彼らに与えた生きるための1つの条件です。あなたたちシマウマが捕らえられて食べられてしまうことは、あなた方にとっては最悪なことかもしれませんが、一方で、ライオンたちにとって、彼らの家族を守るために捕食することは、必要であり善なのです。これについては、どちらの立場が正しい、正しくないというものではなく、善と悪でジャッジするものではありません。このような関係性を、ただ宇宙の摂理として捉えてほしいのです。そうすれば、どんなことが起きても悲しまずに受け入れられるようになるのではないでしょうか。

そうですね。でも、必死にサバイバルしている僕たちからすれば、そこまで仏様のように悟れませんよ。自分たちが追いかけられて殺されてしまうのを宇宙の摂理だから仕方がないね、とまでは思えないのです。

今、ここにある幸せな瞬間を味わう

はい、当然その気持ちもわかります。でも、大切なことは、自分に何が起きても、それに〝ゆだねる〟ということです。常におびえながらびくびく生きることは、あなたの置かれた環境に抵抗しながら生きていることになります。そんな生き方では精神的につらいし、幸せなんて感じられないでしょう？神は、あなたを常に恐怖心に囚われて生きる生きものとして創造したわけではありません。あなたにも幸せに生きるための環境が与えられているはずです。美味しい草を食べる喜びや、サバンナを駆け抜ける楽しさを感じながら生きてほしいのです。そんな瞬間を感じられるようになると、あなたの幸福度は上がっていくはずです。まずは、あなたの世界で起きることに、善と悪というジャッジをしないでほしいということと、すべてをゆだねるというところからはじめてほしいのです。

なるほど、その通りですね。いつも恐怖におびえていると幸せな瞬間を見逃してしまいますね。どちらにしても、厳しい弱肉強食の環境下で生きている僕たちにとって、すべてをゆだねるという生き方は急には無理かもしれませんが、少しずつなら、「何が起きてもこれが宇宙の摂理なんだ」と受け入れることができるかもしれません。

はい、そうしてくださいね。そして、ここからが最も重要なのですが、そんな意識で生きられるシマウマさんたちが1匹、2匹と増えていくようになり、そんな意識があなたたちの世界に広がると、やがて、あなたたちシマウマの遺伝子が書き換わっていくのです。自分たちは不安と恐怖の中で生きなければならない、という遺伝子が書き換えられていくのです。そうすると、

ライオンだってあなた方を発見しても襲いかかるのではなく、友好的な関係を築こうとしてくるはずです。このような変化と生きものたちの進化こそが、地球の次元上昇にも大切な要素になってくるのです。

なるほど。そうだとうれしいです。野生の動物の王者であるライオンさんたちと友達になれるような日がいつかやって来るのでしょうか。まさにパラダイスみたいな世界ですね。

そう、そんな理想郷も決して不可能ではないのですよ。愛と感謝の気持ちがあれば、この地球上の生きものたちの食物連鎖の関係性だって変えられるのです！

そうですね！　それが僕たち動物界のアセンションなのですね！　ありが

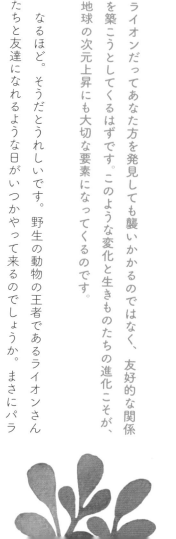

とうございます。サバンナに戻ったら、ゆだねるという生き方を意識していきたいと思います。

自分を愛するということ

さあ、最後は人間代表のNさん。ここまで他の皆さんに行ってきたセッションを聞いてきて、いかがでしたか？

はい、お恥ずかしい限りですが、先ほども申したように、これまで聞いてきたことが私たち人間にすべて当てはまるものであり、また、カメレオンさんのアドバイスのすべてが、人間たちにも役立つものだなと思いながら聞いておりました。私たち人間こそがアリさんのように、いかに保身のために集

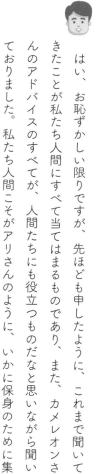

団の中で生きているのかがわかりました。そして、女王蜂のために生きるハチさんのように、人間も自分自身のためでなく誰かのために生きていることもわかりました。さらに、シマウマさんたちのように、私たちも常に不安と恐怖の中で生きているのです。本当に、僕たち人間は問題だらけですね……。

どうしてあなたたちがそうなってしまったか、わかりますか？　それは、「自分を愛する」という大切なことを忘れてしまったからです。私はあなた方人間に集団になって生きるなとか、自分以外の人のために生きるなとか、不安や恐怖を感じるな、などとお説教をするつもりはありません。ただし、ありのままの自分を受け入れて、もっと自分に愛を注いでほしいと思います。それができれば、実はすべてのことが解決するのです。

そうなのですね！　自分を愛することですべてが解決するのですね。

人間以外の生きものにあるのは純粋さ

はい。でも、１つだけ厳しいことを言うなら、アリさんは集団で生き、ハチさんは女王蜂のために人生を捧げ、シマウマさんは肉食動物から逃げながら恐怖と不安の中で暮らしている。それでも彼らは、それを生きものとしての生態や習性としてただ純粋にそれらを受け入れている。そこに損得勘定はありません。でも、あなた方人間にはそこにエゴが入っています。こうしたら自分が得する、こうしたら褒められる、こうしたら身が守れるなど、すべての行いには計算や目論見が入っていますね。そういう意味において、あなた方は、アリさんよりも、ハチさんよりも、シマウマさんよりも次元が低いのかもしれません。

そう言われるとショックですが、確かにそうですね……。

さらには、そんなあなたたち人間たちのエゴが地球の環境を破壊して他の生きものたちに迷惑をかけ、彼らの食物連鎖さえも壊してしまっているのです。自分たちの力では十分ではないからと、もっと強く完璧な存在になろうとして、ロボットやAIを作ったりもしている。でも本来なら、あなたたち人間はそんな無理なことはせず、ありのままでいいんです。あなたという1つの魂を、あなたという1つの宇宙を大切に生き切ればそれで十分なのです。

カメレオンさん……。身に沁《し》みるお言葉をありがとうございました。その通りですね。とても考えさせられました。何よりもまず、私たち人間はおごっていて動物や昆虫たちより優れていると思い込んでいるところがあります。でも、今日お会いしたアリさん、ハチさん、シマウマさんたちの純粋で懸命に生きる姿を見て、実際は皆さんの方がよほど人間よりも高い次元に生きているなと思いました。そして、そんなことを教えてくれたカメレオンさんこそが、やはりこの地上で最も次元が高い存在なのだということがよくわかりました。私も皆の元へ帰ったら、ぜひ、このことを皆に伝えたいと思います。そして、自分を愛することからはじめたいと思います。少しでもカメレオンさんのような生き方ができるように、と。今日は本当にありがとうございました。

カメレオンさん、どうもありがとうございました！

こちらこそ皆さん、どうもありがとうございました。今日のセッションで地球の波動もグンと上がったような気がします。ぜひ、皆さんの生きる世界

へ今日の学びを持ち帰って生かしてほしいと思います。そして、地球に生きる生きものたちが皆、愉しく幸せに生きていくことを願っています！

Column 2

ちょっと一息、
ブレイク・タイム

世界の著名人&セレブのカメレオンランキング　トップ10

世間と違う評価の人こそ、カメレオン度が高い人

「あの人って評判悪いよね⁉」

「あの人ってちょっとヘン！」

など、私たちは巷《ちまた》の有名人、著名人、セレブリティたちを大手メディアのニュースや報道を通して勝手にその人物像を判断しています。

しかし、一見、嫌われ者や悪人、冷酷だとされている人、変わっている人、

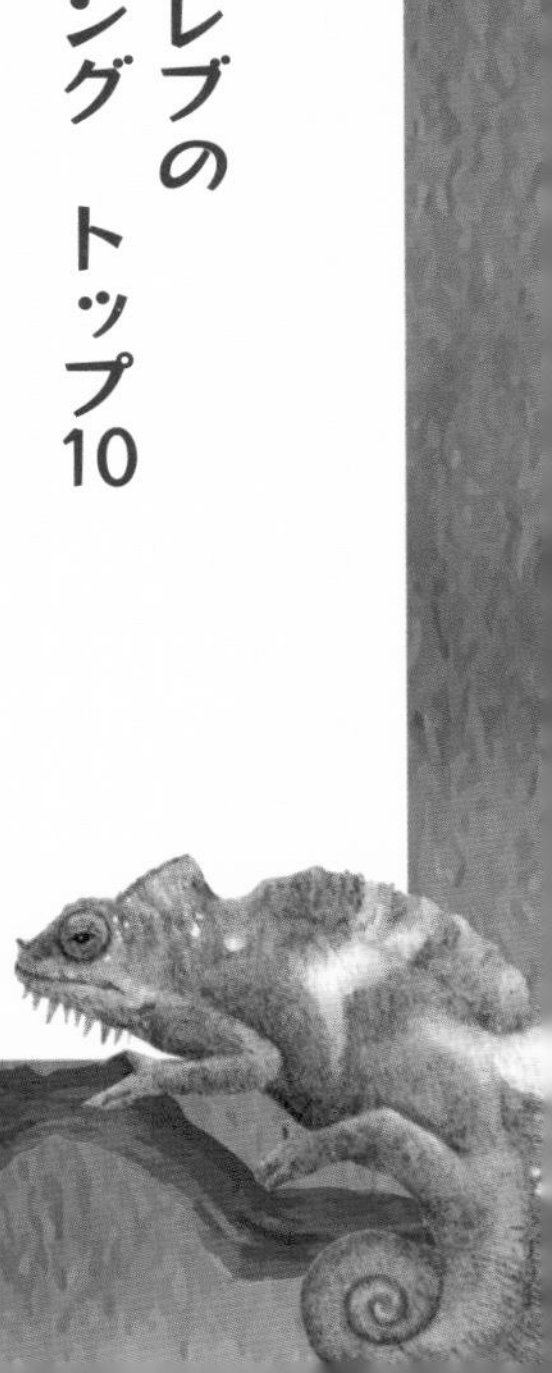

ユニークすぎる人生を送る人こそ、逆にカメレオン度が高かったりするものなのです。

また、社会の常識をものともせず、自由に思うがままに好きなように生きている人も同様です。

なぜなら、カメレオン度が高い人ほど、世間が定めている一般常識や固定観念から逸脱して生きているので、良くも悪くも〝悪目立ち〟してしまったり、自由奔放に生きることで周囲から嫉妬などを買ってしまったりしているからです。

ここでは、世界の有名人や著名人、セレブと呼ばれている人たちの中で、さまざまな観点からカメレオン度が高い順にランク付けしてみました。

Column 2

トップの座を射止めたのは、世界中を敵に回したあの男

1 プーチン大統領　世界一冷酷な男!?

2 トランプ前大統領　周囲からの雑音にびくともしない!

3 メラニア夫人　〝氷の微笑〟の元ファーストレディ

4 サッチャー元首相　「鉄の女」としての人生を送った女性政治家

5 ナディア・コマネチ　バランスを操る平均台の女王

6 小室圭　メディアにカメレオン化されてしまった!?

7 出川哲朗　どんなこともいとわない抜群の適応能力

8 小保方晴子　社会に飲み込まれないゼロリセット能力

9 広末涼子　狙ったものははずさず、必ず手に入れる瞬発能力

10 山口百恵　マイペースで幸せを手に入れる

ここ数年、特に2022年2月のロシアのウクライナ侵攻以降、世界中で最も〝悪人〟としてのレッテルを貼られているのがロシアの**プーチン大統領。**

そんな世界一の悪者だといわれているプーチンこそ、実は、カメレオン度ナンバーワンなのです。

しかし、プーチン大統領は、実は世界を裏から操り〝影の政府〟と呼ばれている「ディープステイト（DS）」と闘っている男だともいわれています。

大手メディアや表に出ているニュースが、本当のことを伝えているかどうかを確かめる術はありません。

しかし、世界中の人々を敵に回していると言っても過言ではない現在、粛々と我が道を突き進む〝孤高の人〟という状況だけでも断トツにカメレオン度が高いと言えるのです。

Column 2

カメレオンは単独飼育が基本といわれるくらい、ケージ（飼育する檻《おり》）の中では一匹のみを飼うという扱いをしなければならない生きものですが、まさに世界対プーチンという一匹オオカミ的な生き方ができるだけでもカメレオン度が高いのです。

また、普通の心臓の人なら世界中から非難されることで、とっくに精神的にダメージを負って潰されてしまっていますが、彼を見る限り、まるで鋼の心臓をしているようです。

世間と違う評価の人こそ、カメレオン度が高い人

次に、ナンバー2に輝いたのは、あの**トランプ前大統領**。

どちらかといえば喜怒哀楽の激しいトランプ前大統領こそ、カメレオン・ファクターが低そうな人に見えるでしょう。

ところが、まったく周囲からの雑音などを気にしない無関心度の高さという意味では、カメレオン度が高い人なのです。

とにかく、どんなにマスメディアをはじめとする多くの敵から叩《たた》かれまくってもどこ吹く風。

逆風の中を思うがままに行動するトランプ前大統領こそ、まさにカメレオンのような人だと言えるでしょう。

そして、そんなトランプ前大統領の奥さんと言えば、**メラニア夫人**。

ファーストレディ時代にさんざんメディアから撮られた写真のほとんどは、ほぼ無表情で笑顔がなかったのを憶《おぼ》えている人も多いことでしょう。

もしくは、「彼女は、怒っているの？」というほど表情のない冷めた顔をしていたものです。

周囲に笑顔を振りまくべき場面でも無表情だった彼女への褒め言葉は、その美しさゆえに「クール・ビューティ」や「氷の微笑」というあだ名が

Column 2

つくほど、笑わない女性としても知られていました。

ところが、カメラの外での実際の彼女は、屈託のないリラックスした笑顔を見せることも多かったのです。

「ここでは笑顔でなければならない」などと常識にとらわれないありのままの彼女こそ、まさにカメレオン度の高い人と言えるでしょう。

そして、「鉄の女」いうニックネームとしての人生を送ったのが、イギリス初の女性首相になった故**マーガレット・サッチャー元首相**。

サッチャーは首相時代に彼女の政策として共産主義に反対したことで、ソ連から批判の意味を込めて「鉄の女」と名付けられてしまったのをきっかけに、以降、世界的に「鉄の女」というあだ名で呼ばれることになりました。

実際には彼女自身も、自分の周囲の意見に流されない強い意志への褒め

言葉だとして自身も気に入っていたということです。
リーダーだからこうであるべき、という常識はずれのサッチャーもカメレオン度が高かった人と言えるでしょう。

スポーツ界やエンタメ界からも続々選出

ここまで政治の世界の人が続いたので、ここからはスポーツ界やエンタメ界などにも目を向けてみましょう。

まず、ナンバー5は、懐かしの元オリンピックの金メダリスト、元体操選手の**ナディア・コマネチ**さん。

平均台の上を人間離れした驚くべきバランスで演技を披露していたコマネチこそ、枝の上を見事にバランスよく歩くカメレオンのようでした。

かつて、モントリオールオリンピックで、段違い平行棒と平均台の演技でオリンピック史上初の10点満点を出した彼女の後に続き、現在まで、数

Column 2

多くの進化したスキルを持つ体操選手たちが続々と登場してきていますが、やはり、天才的なバランス感覚を操って歴史に名を残したあのコマネチのことは忘れられません。

そして、ナンバー6は、あの秋篠宮家の長女である眞子さまを射止めた**小室圭**氏。

現在ニューヨークで暮らすお二人の話題はすっかりワイドショーからは消えてしまいましたが、ご結婚前はなにかと世間を騒がせるニュースが多かった小室圭氏。

数年前のご婚約会見当時は、かつて「海の王子」に選ばれたこともある彼らしく、にこやかな笑顔が素敵だった小室氏。

ところが、世間を騒がせるようなニュースが出るたびに笑顔を失い、メディアに追われても、どんな質問をされても無表情になってしまいました。

まるで常に無関心を装っているカメレオンのようですが、彼こそ、メ

ディアにカメレオン化されてしまった人だと言えるでしょう。

ただし、そんな彼でも無事にしっかりとNY州の弁護士資格も取り、日本の喧騒をさけ眞子様を幸せにしているという意味では、愛を貫くという芯の通った男なのかもしれませんね。

ナンバー7は、鈍感力と適応能力の高さでランクインした芸人の**出川哲朗**氏。

TVの視聴者が「これはさすがに可哀そう」とか「無茶ぶりすぎる！」と同情するほど、どんなキツいことにもチャレンジする（いや、チャレンジさせられる）出川さんこそ、触られても動じない鈍感力、周囲の環境に合わせるカメレオン度の高い人だと言えるでしょう。

実際には彼も1人の人間なので、心の中では泣いているようなことがあったのかもしれません。

しかし、そんな心の内をまったく見せずに、〝厳しい指令〟に挑戦し続け

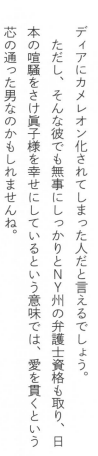

Column 2

る彼だからこそ、厳しい芸能界で欠かせないポジションを確立できたのでしょう。

ナンバー8は、ゼロリセット能力の高さでランキングに入った**小保方晴子**さん。

あの有名になった一言、「STAP細胞はありまぁす〜！」の発言で一世を風靡《ふうび》し、理系に強い女子を意味する〝リケジョ〟という言葉を流行らせたきっかけになったのが小保方さん。

白衣の代わりに割烹着《かっぽうぎ》を着て、世の中に彗星《すいせい》のごとくデビューを果たした「理化学研究所」の元研究員です。

ところが、論文の不正疑惑が起きるやいなや、その華やかな日々は一転。世間からバッシングをされると、あっという間に世間から消えてしまったのです。

結局、STAP細胞の話もうやむやになって、終わってしまいました。

しかし、数年後、彼女はまったく違う次元に生きていました。
今は、人気洋菓子店でパティシエとして勤務しているとのこと。
その周囲の予想を見事に裏切る華麗なる人生の転身には、感服せざるを得ません。
過去をすっきりリセットし、まったく新しい人生をゼロから送るという彼女こそ、赤から緑、緑から青へと次々に身体の色を変えて七変化するカメレオンのような人だと言えるでしょう。

ナンバー9は、少し前にダブル不倫の話題で世間を騒がせた**広末涼子**さん。
女優業をこなしながら3人の子育てに頑張っているということで、ステキなママに与えられる「ベストマザー賞2022」を受賞する一方で、そのピュアな自由奔放さで恋愛遍歴もにぎやかな広末さん。

Column 2

狙った獲物は必ず仕留めるカメレオンのように、純粋に一直線に生きる彼女だからこそ、恋に落ちるとママであろうともただの1人の女に戻ってしまうのです。

かつての彼女のヒット曲『MajiでKoiする5秒前』という題名もそのままに、狙いを定める前の彼女の恋に対する集中力と瞬発力こそ、獲物を捕らえる前のカメレオンのような存在だと言えるでしょう。

そして、ナンバー10は、昭和時代を代表する伝説のアイドル**山口百恵**さん。

常におだやかでかつ表情を変えなかった彼女は、よく〝仏陀《ぶっだ》〟に例えられていたものです。

実は、往年のアイドル全盛期の女性アイドルたちこそ、「かわい子ぶりっ子」でなくてはならず、「にっこり笑顔」が義務付けられていたような時代でした。

ところが、彼女だけは周囲にまったく媚を売る様子も見せず、我が道を行く生き方を貫いたことで支持されて、スター街道を上っていったのです。

そして、人気も絶頂期にあっさりとスターの座を捨てて自分の幸せをつかみ、世間から姿を消してしまったのです。

誰にも媚を売らない超マイペースさこそ、まさにカメレオンのような生き方だと言えるでしょう。

第4章

カメレオンエクササイズ

Chameleon Exercise

Part 1

カメレオンになりきってみよう！
カメレオンを感じてみよう！

「カメレオンが高次元の生きものなのはわかった」
「でも、私はカメレオンじゃなくて人間なんだから、しょうがない……」
という意見も聞こえてくるのは百も承知です。
でも、カメレオンになることはできなくても、「カメレオンになりきってみる」ことや、「カメレオンを感じてみる」ことは可能なのです。

そうすることで、読者の皆さんは、次元上昇に必要な〝カメレオン力〟を上げることができます。

そこで、ここではカメレオンになりきって、カメレオンのエネルギーを味わってみるエクササイズを４つご紹介します。

これまで人間として生きてきた習慣や思考パターン、人間として沁みついてしまった身体的な動き方をカメレオンに真似てみることで、カメレオンの高い波動を少しずつ自分のものにしていきましょう。

Exercise 1

カメレオン瞑想……カメレオンに変身してみる

1 すべてを創造するブラックホールの中に入る

とにかく、カメレオンになった自分を味わうなら、カメレオンに変身してみる（＝変身した気分になる）のが一番です。

これは瞑想《めいそう》でイメージの世界で行うエクササイズです。

◉まずは、椅子や床の上に座る、ベッドに横になるなどして瞑想にふさわしい楽な姿勢になってください。

◉目を閉じて、ゆっくりと大きく息を吸い、吐いて、深呼吸を何回か繰り返して行ってください。

◉ゆったりとリラックスしてきたら、目を閉じましょう。
◉しばらく、そのままゆっくりと呼吸を続けてください。

すると、あなたの目の前に大きなブラックホールが現れました。

その向こうは何もない宇宙空間であり、すべてがはじまる宇宙空間です。

ブラックホールの中に自分が吸い込まれるようなイメージをしてください。吸い込まれたら、ブラックホールの反対側からあなたが新たにカメレオンになって登場します。

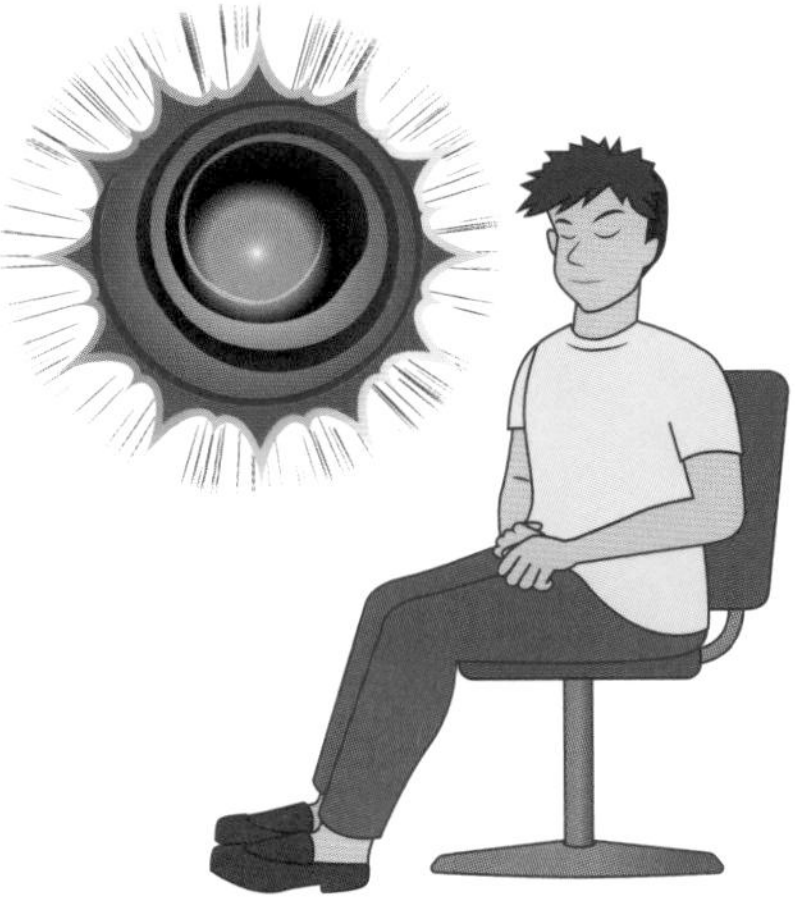

2 カメレオンになった自分を味わい尽くす

カメレオンの姿は、あなたの好きな姿（色・大きさ）を想像してください。

それでは、カメレオンになったあなたは、今から自分が心地よい空間を周囲に創っていきます。

緑のジャングルの中にいたいと思うなら、緑のジャングルを想像しましょう。

また、カラフルな花畑の中が心地よいなら、カラフルな花畑を。

真っ赤な秋の紅葉がいいなら、秋の紅葉を。

真っ青な青空の下がいいなら、真っ青な青空を。

それぞれ、カメレオンになったあなたがその空間の中で自分も同じ身体の色になるなどして、心地よい時間を過ごしてみましょう。

あなたは今、木の枝の上にいます。

枝の上を器用にゆっくりと歩いています。
まるで、平均台の上を歩いているような感覚で、バランス感覚抜群のあなたはゆっくりと手と足で枝をつかみながら歩いています。

さあ、ここで周囲を見渡してみましょうか。
あなたの創造した環境をじっくりと見てみましょう。

目をきょろきょろと動かしてみてください。
最初は両目を一緒に動かしてみましょう。
次に、カメレオンになった気分で両目を別々に動かせるかやってみましょう。
実際には難しくても、イメージの中では自由自在です。
右目で青空を見ながら、左目では目の前の木の枝の葉っぱを見たりしてみてください。
同時に別々のものが見られるんだ、という喜びを感じてください。

3 人間として生きる自分を客観的に観察する

さあ、ここであなたの目の前にTVのスクリーンが登場しました。

スクリーン上に、いつもの人間の姿をしたあなたが映し出されました。

朝起きて、ベッドから起き出すあなたの姿からはじまり、そこから1日のルーティーンがはじまります。


ここで、あなたの自分の1日のルーティーンをイメージしてください。

たとえば、こんな人もいるはずです。


朝、遅刻しそうになって電車のホームの階段を焦って駆け上り、汗びっしょりになっているあなた。

昼のランチのサンドイッチを、デスクで仕事をしながら、まるで飲み込むように数分間で食べているあなた。

上司に叱られて、下を向いてうなだれているあなた。
同僚たちとの飲み会で、疲れているのに無理して笑顔を振りまいているあなた。
終電前の電車の中で、つり革に手をかけたまま うとうとしてしまうあなた。
自宅に戻ってシャワーも浴びずにベッドに倒れ込むあなた……ｅｔｃ。

スクリーンに映し出されるあなたの１日を観察してみてください。
今、カメレオンになったあなたが、人間のあなたをじっと見ているのです。

人間のあなたは、いつもなぜかバタバタとしていますね。
いつも喜怒哀楽の感情に振り回されながら、落ち込んだり、反省したり、不安を感じたりしています。

人生が上手くいかないと嘆き、もがいていますね。

そんな人間としての自分の姿が、カメレオンのあなたにはちょっと滑稽に見えるはずです。

見ていると、なんだか同情してしまうし、かわいそうにも見えるのです。

もちろん、そんな一生懸命な自分も愛おしいのですが、自分で見ていてちょっとつらいし、イタいのです。

なぜなら、今、あなたはカメレオンになっているからです。

カメレオンとしての自分は、おだやかで平安の中にいて、いつも堂々としてゆったりとしています。

直感も冴《さ》えています。

必要な時に集中できる集中力もあります。

だから、自分のことが大好きで、自分に誇りを持っています。

人間の自分と正反対のカメレオンの自分が、今ここにいるのです。

4 潜在意識から少しずつカメレオン的生き方に変えていく

カメレオンになったあなたは、スクリーンに映る自分の姿を客観的に見て、「あれは自分には必要ないな。明日からやめておこう」などといろいろなことを学びます。

さあ、それではそろそろカメレオンになった自分から、人間の自分としての今ここに戻ってきましょう。

大きく息を吸い、吐いて、深呼吸を何回か繰り返しましょう。

目を開けてみてください。

あなたは人間の姿に戻っていますが、瞑想をする前のあなたとは別の新しいあなたになっています。

明日から、あなたの新しいルーティーンがはじまります。

あなたのルーティーンは、一度にはガラリと変わりません。
でも、あなたの潜在意識は、少しだけ書き換わっているはずです。
そして、少しずつあなたの行動や思考があなたの習慣を変えていくのです。

この瞑想を繰り返しながら行うことで、カメレオンとしての高次元の生き方を少しずつ身に付け、カメレオンファクターが増えていくはずです。
それが可能になると、あなたは人間として生きながら、この世界で高次元の生き方ができるようになります。

Exercise 2

カメレオンのように右脳・左脳を独立させてみる

ここからのエクササイズは、瞑想で行ったイメージの部分を実際に行いながら、カメレオンを味わってみるワークを行いましょう。

右脳と左脳が独立しているカメレオンは、右脳の感性・直感力・創造性と左脳の理論性・言語などの働きが混ざりあうことがなく、純粋にそれぞれの能力が発揮できます。

ここでは、左右の目を別々に動かすカメレオンになりきってみましょう。

まず、右腕を伸ばして人差し指を立ててその指をゆっくりと動かしながら、その指の動きを両目で追ってみましょう。

これが今、右脳と左脳が一緒に動いている状態です。

左手で左の目の上を軽く覆い（左の目は開けたまま）、右目だけで動き続ける指先を見てみましょう。

この時、左目は開いているものの、覆われているので左目は指先を見つめていません。

ここで、そっと目を覆っている手を離してみます。それでも、左目は意識して目の前の指先を見ないようにします。

次に、右目を覆って同じことをやってみます（左目のみで動く指先を見てみる）。

慣れてきたら、片目を覆わずに、もう１つの目だけで１つのモノを見る訓練をしてみましょう。

人間の目は、どうしてもその身体的な構造上、別々の方向に動くことは難しいのですが、このトレーニングを何度も繰り返していると、少しずつ右目と左目で別々のモノを見たりできるようになるはずです。

Exercise 3

カメレオンの瞬発力を感じてみる

いつもはじっとしているカメレオンですが、舌を出してエサを捕る時の瞬発力は100分の1秒の計測にもなるといわれています。

その静と動のコントラストこそ、まさにカメレオンの特徴です。

無駄なエネルギーを使わず、その代わり、狙いを定めた時だけ欲しいものは必ず手に入れる、というカメレオン的な瞬発力と効率的な動きにトライしてみましょう。

まず、目の前に片腕をまっすぐに自分からより遠くの位置に伸ばして（どちらの手でもOK）、人差し指を目の前に立ててみましょう。

あなたは、今、カメレオンになったと想定し、指先にはあなたの大好きな食べ物が乗っているとイメージしてください。

あなたの身体は、まるでフリーズしたかのように、一切動かさないようにしましょう。上半身も動かさず、目も動かしません。

しばらくフリーズした後、立てている人差し指の指先だけをほんの少しだけ（1〜2ミリ程度）、左右どちらかに動かしてください。

その瞬間に、実際にあなたの舌を指の方向に向けて突き出してみましょう。

当然ながら、人間の舌は短いので指先まで届きませんが、あなたの口から長い長い舌が出てその食べ物を瞬時にとらえるイメージをしてみましょう。


このエクササイズを行うことで、普段、何もないときにはエネルギーを補充しておき、必要な際には瞬発力が出せるという感覚をつかむことができるようになるでしょう。

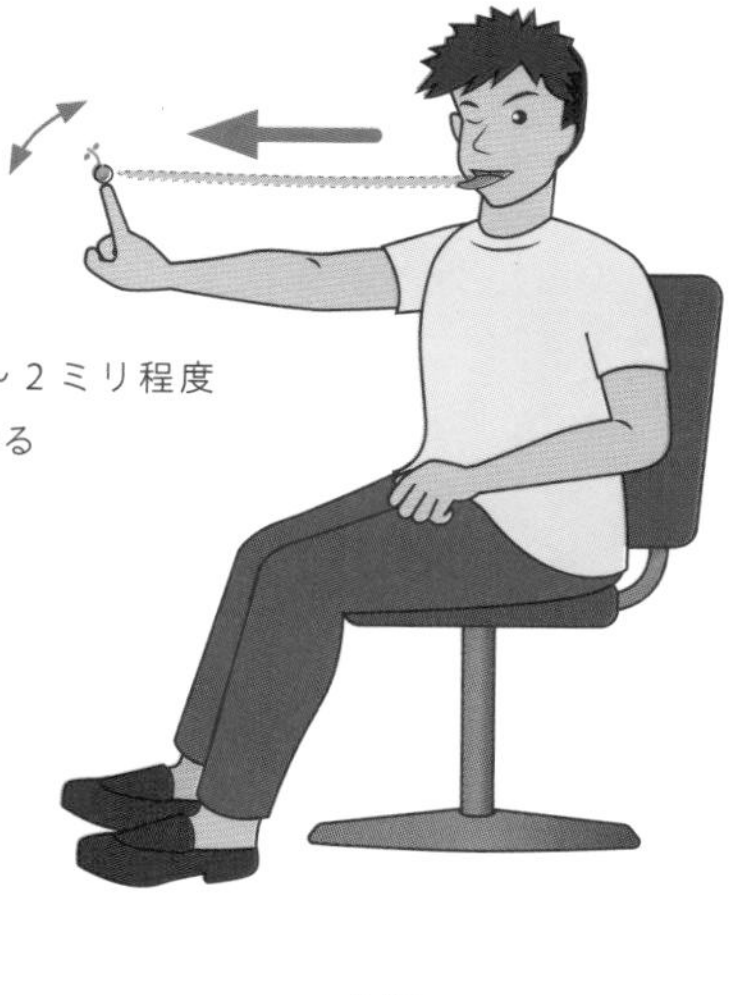

左右に１～２ミリ程度
動かしてみる

Exercise 4

カメレオンのバランス力を感じてみる

部屋の床の上で、数メートルの一直線のラインがイメージできる場所を見つけましょう。

たとえば、部屋の床の材質が一直線になっている場所があるのなら、そこを選ぶのもいいでしょう。

まっすぐの廊下や畳の端である「へり」の部分を使ってもOKです。

直線の横の幅は10センチくらいの細めの幅であると考えてください。

その直線のラインを宙に浮いているロープか平均台だとイメージしてみましょう。

まずは、足だけでその上を歩いてみましょう。たぶん、なんとか上手に歩けるはずです。

次に、四つん這いになり、カメレオンになった気分で歩いてみましょう。

右手と右足を出して1歩進み、左手と左足を出して1歩進んでみます。ゆっくりと2、3歩進んでみましょう。

同時に、今、あなたはクリスタルボディになった自分を感じながら、部屋の中にいながら、全身で宇宙を感じてみましょう。

何回か直線を往復したら終了します。

いかがでしたか？

それぞれのエクササイズを試すうちに、なんとな〜く、ちょっとカメレオンになった気分になりませんか？

そんな、「なんとなく」という感覚を感じられれば大成功です！

エクササイズを繰り返しながら、カメレオンの生き方と高い波動を少しずつまとって、次元上昇できるココロとカラダに変容していきましょう！

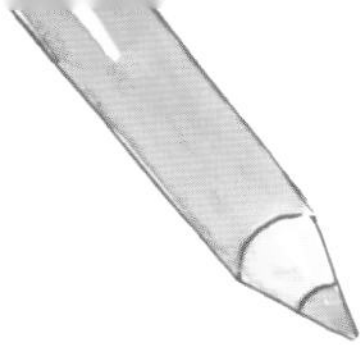

Chameleon Exercise Part 2

「カメレオン塗り絵」で指先から、脳から次元上昇する！

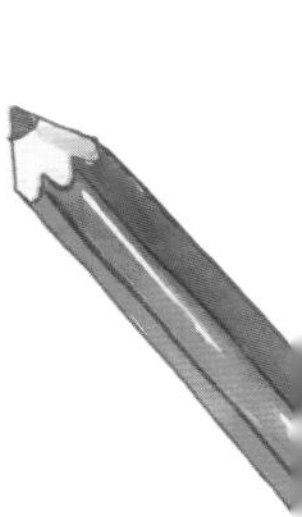

●近年ブームの「大人の塗り絵」には効果がいっぱい！

子どもの頃に誰もが一度は体験したことがあるのが、「塗り絵」ではないでしょうか。

ここ数年、静かなブームを呼んでいるのが「大人の塗り絵」です。

なぜ、大人になった今こそ、塗り絵にトライすべきかと言うと、塗り絵にはスゴい効果があるからです！


塗り絵をすることでストレスを解消し自律神経のバランスを整え、精神を落ちつかせるだけでなく、手を動かしながら指先を使う作業を行うことにより脳全体を活性化できるという素晴らしい効果があるのです。

また、色を使うことで色彩感覚を養いながら、同時にカラーセラピーを行うという効果も期待できます。


そこで今回、準備したのはカメレオンの塗り絵です。

カラフルに身体の色を七変化させるカメレオンを見習って、あなたも自分がカメレオンになった気分で自由に塗り絵をしてみましょう！

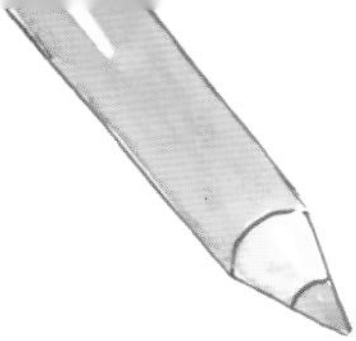

ルールなしで塗り絵を行う

まずは、ルールに縛られずに自由に思うがままに色をつけてみましょう。

色の塗り方や使う色はあなたの自由です。好きな色を1色だけ使う塗り方でもいいし、2色、3色、もしくは12色の色を使ってもOK。

使うツールも色鉛筆、マジック、ボールペン、絵の具など何でもOKです。

また、塗り方のパターンに規則性があってもなくてもOKです。たとえば、描かれた模様の枠をすべて塗りつぶす必要などもありません。


とにかく、あなたの好きなように色をつけていきましょう。すべてに色をつけず、白く残すところがあってもOKです。

もちろん、描かれているカメレオンに色をつけるのではなく、その周囲に色をつけるところからはじめてもOKです。

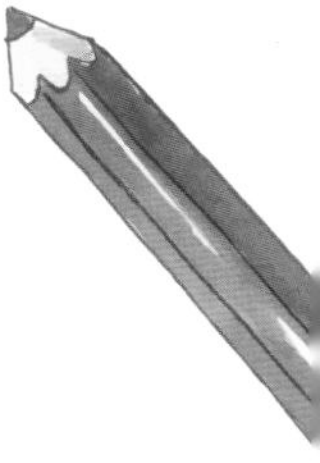

その場合、カメレオンはその周囲の色に同調させる色にしてもいいし、しなくてもＯＫです。

周囲の色とカメレオンを違う色にしたい場合、あなたの心の底には自己主張したい！　という気持ちが強いのかもしれませんね。

そんな自分自身の心の動きにも気づくことができるのが塗り絵なのです。

また、カメレオンの同じイラストを何枚か用意しているものもあるので、その日、その時の気分でどんな色で仕上げたいのか、その時々の自分の心の変化も塗りながらチェックすることができます。

色を選んでカラーセラピーを行う

また、色の隠れた意味を用いてカラーセラピーを行うのもいいでしょう。

「情熱的になりたい！」「元気が欲しい」「生命力をアップさせたい」ときには赤をセレクト。

「自分の価値を高めたい」「自尊心をアップさせたい」ときには、黄をセレクト。

「癒やされたい」「健康な自分でいたい」「ゆるしたい」ときには、緑をセレクト。

「愛に包まれたい」「ロマンティックな気分になりたい」ときには、ピンクをセレクト。

「イライラを鎮めたい」「落ち着きたい」「素直になりたい」ときには、青をセレクト。

「直感力を上げたい」「松果体を活性化させたい」「宇宙とつながりたい」ときには、紫をセレクト。

今の自分に必要な要素が、あなたの塗りたい色なのかもしれません。

このように、あえて色を選びカラーセラピーをしながら塗り絵をすることで、自分を癒やし、なりたい自分に近づけるのも塗り絵です。

さあ、それでは早速、あなたもアーティストになりきって、塗り絵をはじめましょう！

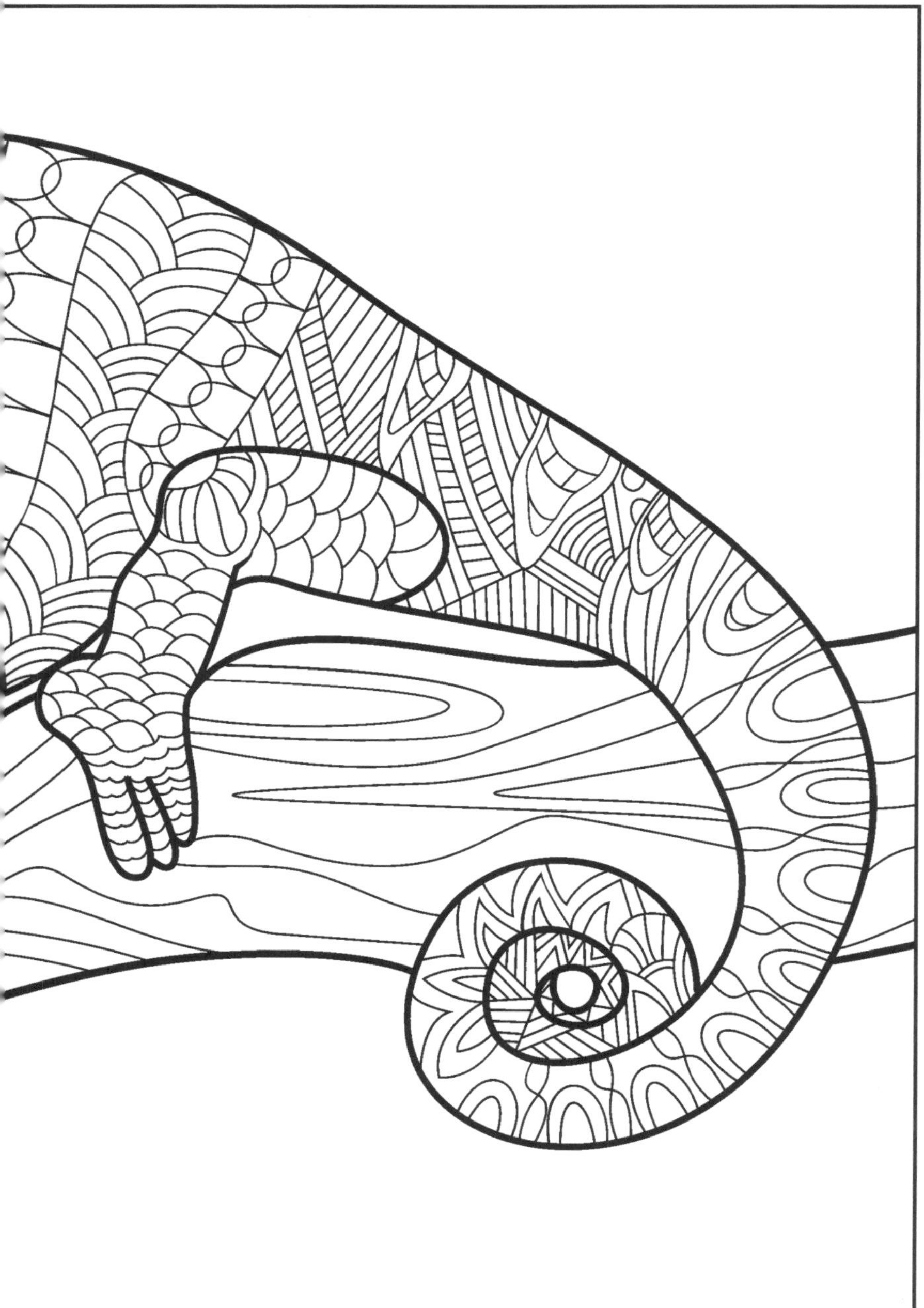

おわりに

ドクタードルフィンによるカメレオンの本、『全身松果体生物!? カメレオン参上! 地球最高次元の生きものから学べ!!』はいかがでしたか? あなたにとってこの本は、想像の斜め上を行くような意表を突く本だったのではないでしょうか。

今、世の中には〝人間力〟を上げさせることを目的とした書籍がたくさん出ています。

それらの本には、どれも人間力を上げるために〝的を射たこと〟が書いてあります。

そして、それらの本に書かれてあることは、読者の皆さんが「本当にそうだよね！」「いいことが書かれているよね」「その通りにやってみよう！」などという感想を持つような内容ばかりのものです。

しかし、すべての人たちに役立つ情報は、実は、本当は大して役に立たないものなのです。

ここが重要ポイントになります。

考えてみてほしいのです。

今まで誰もが語ってきた同じような内容を皆さんが納得して実践することで、人類がすでに次元上昇できているのなら、いつまでたっても、同じような本が永遠に出版され続けているはずはないのです。

私、ドクタードルフィンは、いつまでたっても同じことを繰り返しているそんな人類に落胆していました。

そこで、人類に向けて花火を打ち上げるように、大きな突破口となる本を出版する必要があると考えていたのです。

すると、そんなタイミングで昨年10月にマダガスカル島へ行く機会を得たのです。

そして、すでにご存じのように、その旅において、私の人生を大きく変えるカメレオンとの出会いがあったわけです。

これこそが、まさに天からのはからいでした。

すでにお伝えしたように、カメレオンとの出会いの衝撃を最初は言葉にすることができないほどでした。

でも、カメレオンの魅力はなんとしてでも皆さんに伝えないといけないと心に誓ったのでした。

なぜなら、カメレオンの持つエネルギーこそが今の地球人に必要なエネルギーだと感じたのです。

そこで、この本にはカメレオンの魅力をすべて閉じ込めました!

私のアツい思いがこもったこの本は、必ずや、これからのあなたの人生を変容させるはずです。

今は、もう人間力を上げる時代ではありません。
これからは、カメレオン力を上げる時代になります。

どうか、この本を読んであなたのカメレオン力を上げてください。
そして、この地球において、自由で幸せなカメレオンライフを思う存分送ってほしいと願っています。

グッバイ！

ドクタードルフィン

88次元 Fa-A
ドクタードルフィン　**松久　正**（まつひさ　ただし）

医師（慶応義塾大学医学部卒）、米国公認 Doctor of Chiropractic（米国 Palmer College of Chiropractic 卒）。鎌倉ドクタードルフィン診療所院長。超次元・超時空間松果体覚醒医学（SD-PAM）／超次元・超時空間 DNA オペレーション医学（SD-DOM）創始者。神や宇宙存在を超越する次元エネルギーを有し、予言された救世主として、人類と地球を次元上昇させ、弥勒の世を実現させる。著書多数。

ドクタードルフィン公式ホームページ
https://drdolphin.jp

全身松果体生物!? カメレオン参上!

地球最高次元の生きものから学べ!!

2023年10月31日　第1版　第1刷発行

著　者　松久　正

編　集　西元 啓子
イラスト　(有)アニー(第4章　パート1)
校　閲　野崎 清春
デザイン　染谷 千秋(8th Wonder)

発行者　大森 浩司
発行所　株式会社 ヴォイス　出版事業部
〒106-0031 東京都港区西麻布3-24-17 広瀬ビル
☎ 03-5474-5777(代表)
FAX 03-5411-1939
www.voice-inc.co.jp

印刷・製本　株式会社　シナノパブリッシングプレス

ISBN 978-4-89976-553-0